監修者——木村靖二／岸本美緒／小松久男／佐藤次高

［カバー表写真］
光武帝

［カバー裏写真］
金印（福岡市博物館蔵）

［扉写真］
漢魏洛陽城城壁

世界史リブレット人13

光武帝

「漢委奴国王」印を授けた漢王朝の復興者

Kojima Shigetoshi
小嶋茂稔

目次

光武帝と後漢

後漢の年号でいうと建武中元二(西暦五七)年の正月、その都・洛陽の北宮において、時の皇帝が、遠く日本列島から訪れた倭《わ》の奴国《なこく》の使者と謁見した。皇帝と使者との間にどんなやり取りがあったかは詳《つまび》らかではない。史書の伝えるところ、この時使者を介して、奴国の君主は「漢委奴国王《かんのわのなのこくおう》」に冊封《さくほう》▲され、その文字を刻した金印と、紫色の綬《じゅ》▲とを下賜された。現在、福岡市博物館に所蔵される、志賀島《しかのしま》から発見された金印は、この時奴国に下賜されたものである可能性が極めて高い。中国諸王朝の皇帝で、日本列島に居住していた人物と謁見した者は多くはないであろうが、確かな記録に依拠するかぎり、その第一号こそ、本書の主人公光武帝(在位二五~五七)なのである。

▼冊封　皇帝が臣下に対して官位・官職や爵位を与えること。奴国の君主は、これによって正式に後漢の皇帝と君臣関係を結び、奴国も後漢の外藩となったことになる。

▼綬　官印を下げるための組みひものこと。印の材質に応じて綬の色は決まっており、金印の場合、綬の色は紫なので、奴国王に下賜された綬の色もまた紫色であった。

光武帝とは、王莽《おうもう》▲によって簒奪されいったんは滅亡した漢王朝を復興した人物である。当然、光武帝は自らの王朝を「漢」と称したが、現在、われわれは光武帝が復興した王朝を後漢（中国語では東漢と呼ばれることが多い）と呼び、劉《りゅう》邦《ほう》が建国して王莽に簒奪されるまでのおよそ二〇〇年を前漢と呼んで区別している。中国史上、この漢のように、何らかの事情で中断しながら血縁者によって復活した王朝には、三世紀から五世紀にかけての晋（西晋→東晋）、十世紀から十三世紀にかけての宋（北宋→南宋）がある。いずれも非漢族によって滅ぼされた後、最後の皇帝の親近者が皇帝に即位して再建したものである。光武帝による漢の復興は、前漢滅亡後に王莽の時代の一五年をはさんでいること、たしかに劉邦の子孫には違いないとはいえ前漢末期の皇帝と光武帝との血縁関係は極めて薄いことなど、晋や宋の場合と比べ、事実においては「漢の復興を旗印とした新たな王朝の建設」に近い面があることは否めない。

本書では、その光武帝の中国再統一にいたる経緯や政策ならびに政治理念を紹介することにより、光武帝その人がいかなる人物であったか、さらに光武帝が建設した後漢という王朝をどのように理解すればよいかを論じたい。なお、

▼王莽（前四五～二三）　前漢元帝（在位前四九～前三三）の皇后王政君の甥。外戚王氏の一員として、頭角をあらわした。哀帝（在位前七～前一）の時期に一時失脚するが、その死後復権、自ら擁立した平帝（在位前一～後五）の死後、仮皇帝となり、その後禅譲を受けて、皇帝に即位し、新王朝を創設した。詳細は、本書一章を参照されたい。

▼諡号　皇帝などの死後に、生前の事績を評価して贈られる追号。

▼范曄（三九八～四四五）　名門とされる順陽范氏の出身。宋（南朝）の皇族である劉義康の参軍（幕僚のこと）の地位を振り出しに昇進をかさねたが、四二四（元嘉元）年、劉義康の不興をかって宣城太守に左遷される。この不遇の時期に、『後漢書』の撰述は始められたようである。のちに劉義康自身が文帝との不和から左遷され、そのさいの謀反計画がもれ、范曄もそれに連座して死刑とな

「光武帝」とは諡号《しごう》▲である。光武帝の姓は劉、諱《いみな》は秀であった。以下本書では、行論上やむをえない場合を除いて劉秀と呼称して論述していくこととしたい。

なお、本書の記述のもととなる史料についてあらかじめ一言しておこう。後漢時代の研究に必須の史料は、五世紀の前半、范曄《はんよう》▲によって編纂された『後漢書』である。その撰述が始められた時点で、後漢の滅亡から二〇〇年を経過していたため、范曄は、『後漢書』に先行するさまざまな後漢時代に関する史書に依拠して撰述を進めた。そのなかで、彼がもっとも依拠したとされるのが『東観漢記《とうかんかんき》』である。『東観漢記』とは、後漢王朝が自らの歴史を記録した官撰歴史書であり、劉秀の後継者である明帝《めいてい》▲が、『漢書』の著者でもある班固《はんこ》▲に命じ、陳宗《ちんそう》ら七人とともに後漢の建国期の歴史を紀伝体《きでんたい》▲で編纂させたことを契機に作成が始められたもので、その後、安帝・桓帝・霊帝・献帝の時期にまで編纂が続けられている。後漢をつうじて断続的に編纂が続けられたことや、桓帝期の編纂のさいの崔寔《さいしょく》▲、霊帝期の編纂のさいの蔡邕《さいよう》▲など、その時期を代表する学者によって編纂されたことを想起すれば、『東観漢記』は、本来、後漢時代を研究するうえでの第一級の史料たるべき書物であった。残念ながら、この

った。そのため『後漢書』は本紀と列伝だけで未完に終わった。

▼**明帝**(在位五七～七五)　劉秀の第四子。生母は陰皇后。四三(建武十九)年に、劉彊(生母は郭氏)にかわって皇太子となり、劉秀の死後、後漢の第二代皇帝となる。

▼**班固**(三二～九二)　『漢書』の編纂者。父の班彪も文筆に優れ、『史記』の続編の編纂を志すもはたせず、班固がその思いを継いだ。竇憲《とうけん》の西域遠征に従軍したため、竇氏の失脚にともなって免官され、そのさい、その家族や使用人の振る舞いを快く思っていなかった洛陽令によって下獄され、獄死した。『漢書』の未完の部分は、妹の班昭(曹大家)が引き継いで完成させた。

▼**紀伝体**　司馬遷が『史記』を編纂したさいに創案した、中国の歴史書の編纂方式の一つ。「紀」は、『史記』のような通史の場合は、各王朝

『東観漢記』は現在では散逸してしまって完全なかたちでは見ることができなくなっている。また、後漢の滅亡以降、多くの学者が後漢の歴史を編纂した。時期の早いものでは、呉の謝承《しゃしょう》による『後漢書』があり、晋代には何種類も編まれている。『東観漢記』同様、現在ではそのいずれも散逸してしまったが、当然范曄は『後漢書』編纂にあたってそれら先行する諸書を参観しており、中国の研究者呉樹平《ごじゅへい》の研究によれば、そのなかでも東晋の華嶠《かきょう》が編んだ後漢書の記述との親和性が高いという。

ただ、内藤虎次郎《ないとうとらじろう》▲が「范曄はかかる編纂物を材料として書いたので、文章を改める必要を生じた点もあり、又范曄が余程の名文家で、やはり歴史を自分の頭で書くといふ抱負があつた為め、前人の書に満足せずして書き改めた点もあるであろう。……ともかく後漢書は、材料の原文を正直に守らないやうになつた初めと云つてよい」(『支那史学史』「七　史記漢書以後の史書の発展」)と語るように、范曄が、『東観漢記』をはじめとする後漢の歴史に関する諸書を参照しつつも、独自の判断で書き改めたところもあることは注意が必要である。

以上のように、基礎史料である『後漢書』に、前漢時代研究の基礎史料たる

の大筋の歴史、または帝王などの事跡を編年体で記し、『漢書』など断代史の場合は、皇帝ごとの年代記の部分である。「伝」は人物の記録である。紀と伝のほかに、各種年表の「表」、制度・経済など分野別の歴史を記した「志」・「書」、諸侯等の歴史を記述する「世家《せいか》」などの部分が加えられることもあった。

▼**崔寔**(?〜一七〇頃)　後漢の官人・学者。五原太守・遼東太守・尚書等を歴任。後漢時代の豪族の年中行事を記した『四民月令』、時勢を批判した『政論』を著した。

▼**蔡邕**(一三二〜一九二)　後漢の官人・文章家。『東観漢記』の編纂にかかわったのち、董卓《とうたく》の辟召を受けて、侍御史、尚書、巴郡太守などを歴任したが、董卓が殺害されたのち、獄死する。著書に『独断』など。

▼**内藤虎次郎**(一八六六〜一九三四)　東洋史学者。東京朝日新聞の記者として活躍後、中国に関する学識をか

われて、一九〇七年より京都帝国大学の教官として東洋史を講じた。号は湖南。

『漢書』や三国時代史研究の基礎史料たる『三国志』とは異なる限界——当該王朝の存在時期と成書時期との懸隔と、范曄による依拠した史書の書き改めの可能性——があることから、前後の時代と比較して、後漢時代史の研究には一定の困難が付きまとっている。ただ、今日では完全のかたちでは見られないとはいえ、『東観漢記』にせよ、先行する各種『後漢書』にせよ、後世のさまざまな書物に断片的に引用されたり部分的に記事が収録された記事があって、それらを輯逸《しゅういつ》した史料集が刊行されている。本書の叙述にあたっては、范曄『後漢書』（以下、『後漢書』と示したものは范曄の『後漢書』を指す）の記述を踏まえつつ、そうした史料にも目配りしつつ、進めていきたい。

①—劉秀の誕生・成長と両漢交替期の世相

誕生の逸話

劉秀は、父劉欽が、陳留郡済陽県の県令であったとき、前六(建平元)年十二月六日の夜に、県令の官舎で生まれた。ただ『太平御覧《たいへいぎょらん》』▲に見える『東観漢記』によると、当時県令の官舎には湿り気があって環境が悪かったため、出産は、当時済陽県にあった武帝行過宮《こうかきゅう》と呼ばれた建造物の「後殿」でおこなわれ、劉秀の出生にさいしては、夜にもかかわらず赤い光があらわれて部屋のなかを明るく照らした。父劉欽は、そのことを不思議に思い、王長という卜者《ぼくしゃ》にたずねたところ「めでたいことだが他人にいってはいけない」といわれたという。

また、「秀」という諱の由来も、この年、済陽県が大豊作であったからというだけではなく、一つの茎から九つもの穂を持つ「嘉禾《かか》」が生じたからであると『後漢書』も『東観漢記』も伝えている。ただ、火徳の漢王朝▲を復興した劉秀だけに「赤光」が輝いたり、「嘉禾」が生じたりというのは、後世皇帝となった人物であるがゆえに案出された出生譚であろう。さらに『東観漢記』は、

▼『**太平御覧**』　北宋の李昉《りほう》らが編纂した類書(一種の百科事典)。九八二年頃に成立。一六九〇もの書物から記事が引用され、それらのなかには『東観漢記』のように亡逸して今日に伝わらないものも多く存在している。

▼**火徳の漢王朝**　七四頁の註「五行思想」を参照。

劉氏系図

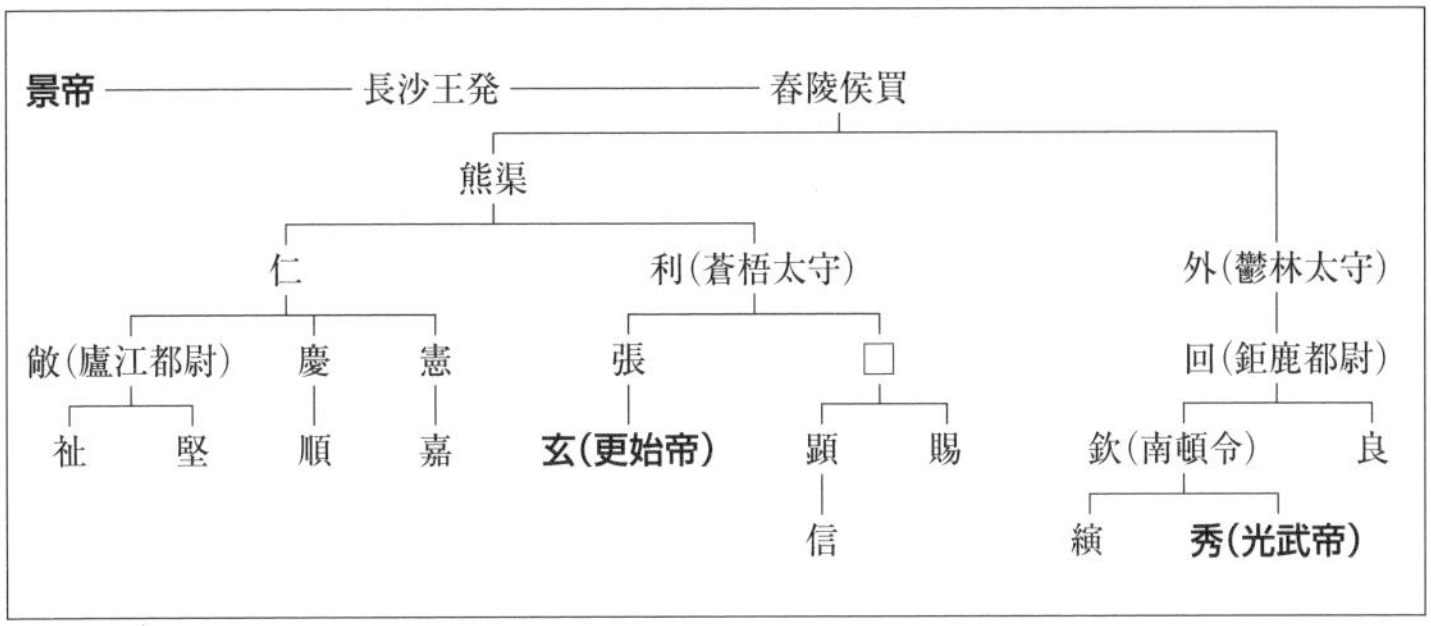

この年、済陽県には鳳凰まで舞い込んだという駄目押しの記述までおこなっているが、それはさておき、ここでは、のちに漢を復興することになる劉秀であっても、その父は官秩《かんちつ》千石程度の県令にすぎず、前漢の皇帝の近親者でもなければ、諸侯王や列侯の爵位ももたない人物であったことに注意したい。後述するように、たしかに劉秀は、劉邦の血を受け継ぐ者には違いないのであるが、それは受け継いでいるというだけのことであって、皇帝の近親者の特権とは無縁の存在なのであった。

劉秀の系譜

ここで、劉秀の系譜をたどっておこう。前漢の景帝に発という皇子があった。この劉発の生母は景帝の寵愛が薄く、そのため「卑湿」とうとまれた南方の長《ちょう》沙《さ》にしか封地をえられなかった。劉秀の高祖父にあたる劉買は、その長沙王の位も嗣《つ》げない立場であり、長沙国の零道県《れいどうけん》の舂陵郷《しょうりょうきょう》にかろうじて封地をえて、舂陵侯となるのが精一杯であった。舂陵侯を嗣いだのは、その子・劉熊渠《りゅうゆうきょ》であり、劉秀の曾祖父にあたる劉外は、列侯の爵位すら受けることができなかった。

●—光武帝時代の郡国

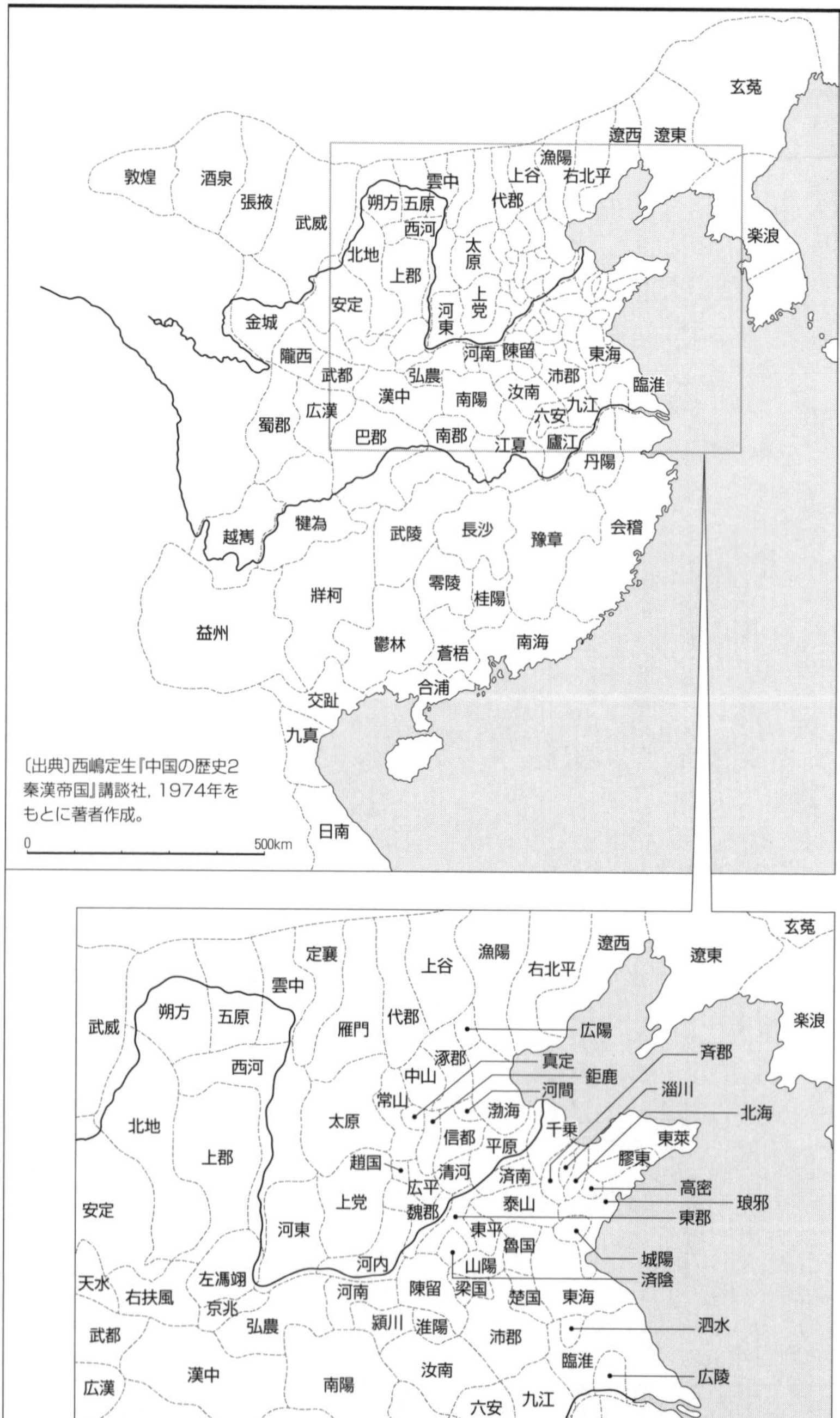

〔出典〕西嶋定生『中国の歴史2　秦漢帝国』講談社，1974年をもとに著者作成。

●後漢王朝系図

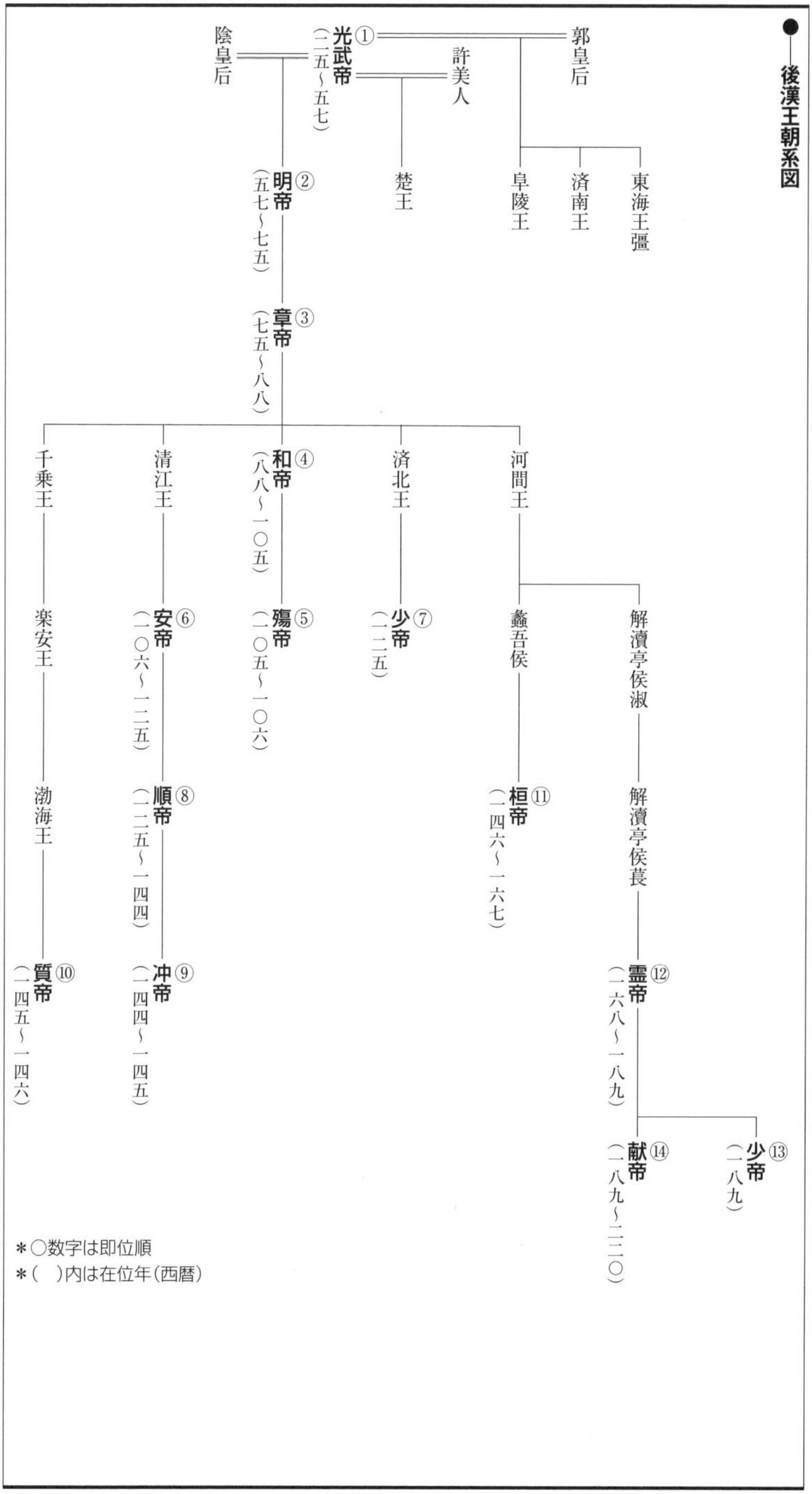
郭皇后
①光武帝（二五〜五七）
許美人
陰皇后
東海王彊
済南王
阜陵王
楚王
②明帝（五七〜七五）
③章帝（七五〜八八）
河間王
済北王
④和帝（八八〜一〇五）
清江王
千乗王
解瀆亭侯淑
蠡吾侯
⑦少帝（一二五）
⑤殤帝（一〇五〜一〇六）
⑥安帝（一〇六〜一二五）
楽安王
解瀆亭侯萇
⑪桓帝（一四六〜一六七）
⑧順帝（一二五〜一四四）
渤海王
⑫霊帝（一六八〜一八九）
⑨冲帝（一四四〜一四五）
⑩質帝（一四五〜一四六）
⑬少帝（一八九）
⑭献帝（一八九〜二二〇）
＊○数字は即位順
＊（　）内は在位年（西暦）

なお劉熊渠を嗣いで春陵侯の地位についた劉仁の時に、時の皇帝元帝に封地の変更を願い出て認められている。その理由は、土地の自然条件▲が好ましくないということで、封戸の減少もいとわないものであった。この時、劉秀の祖父・劉回も従兄の劉仁とともに、南陽郡蔡陽県の白水郷へ移住している。このことは、劉回も含めた一族が春陵侯家▲を本家として一体となって行動していたことを示しているが、同時に、劉外・劉回の血統に連なる劉秀は、漢の皇帝家からみても傍流中の傍流であったということでもある。

劉秀の父・劉欽は、汝南《じょなん》郡の南頓県の県令を務めていた時に死去し、劉秀とその兄劉縯《りゅうえん》は叔父の劉良に養われることになるが、劉秀は春陵侯家の一員として自らも勤勉に農業にいそしんだと、『後漢書』では伝えている。

なお、劉秀の曾祖父・劉外は、鬱林《うつりん》郡の太守を務め、祖父・劉回は鉅鹿《きょろく》郡の都尉を務めた。春陵侯を嗣いだ劉仁の子・劉敞《りゅうしょう》も盧江《ろこう》郡の都尉を務めている。傍流中の傍流とはいえ漢の皇帝に連なる血統が有利に働いたものか、あくまでも彼らの才覚によるものか、春陵侯家からは郡太守クラスの高官が輩出した。もし、王莽による簒奪がなく、前漢時代が続けば、当時の豪族出身者がたどっ

▼春陵侯国の自然条件　春陵の地について記した『後漢書』宗室四王三侯列伝には、「地勢、下湿にして、山林に毒気あり」とされている。

▼春陵侯家の経済状況　南陽郡に移住した春陵侯家の人々が、その封地である春陵郷一帯に大土地所有を実現していたことは、宇都宮清吉の古典的研究(「劉秀と南陽」『漢代社会経済史研究』弘文堂、一九五五年)に詳しい。

▼禅譲　伝説の王・堯《ぎょう》が、同じく伝説の王である舜《しゅん》に王位を譲った故事になぞらえた、異姓間の皇帝位継承(易姓《えきせい》革命)のあり方。王莽の簒奪

た官吏登用の捷径《しょうけい》をへて、劉秀もそうした道を歩んだ可能性は高い。しかし、王莽による新王朝の建設は、劉秀や春陵侯家の人々の運命を変えていくのである。

王莽政権の成立

中国史上において、比較的長期にわたって存在した王朝が滅亡する原因は、周辺民族の攻撃(西晋・北宋など)であったり、農民反乱であったり(後漢・唐・明など)する。形式上「禅譲▲」のかたちをとる場合であっても、後継王朝の創始者が何らかのかたちで、前王朝末期の政治的混乱を軍事的に収拾して政治的実権を掌握することが禅譲の前提になる。曹操▲・曹丕《そうひ》▲父子がその顕著な事例である。

しかし、王莽が漢を簒奪するのは、後世のそうした事例とは経緯を異にする。元帝の死(前三三年)後、皇太后王氏の兄・王鳳《おうほう》が大司馬▲大将軍領尚書事《りょうしょうしょじ》の地位につき、実権を掌握する。元帝の嗣子・成帝の治世は、事実上外戚王氏によって担われたといってよい。王莽は、王鳳の甥であったが、しだいに頭角をあ

にみられるように、歴史上の「禅譲」はあくまでも形式で、実質は実力による王朝交替にすぎなかった。

▼**曹操**(一五五～二二〇)　後漢末期の政治家・武将。黄巾の乱以降の混乱のなかで頭角をあらわし、後漢最後の皇帝・献帝を奉じ、華北を統一して、事実上の後漢の最高権力者となったが、その生前の地位は魏王にとどまった。

▼**曹丕**(一八七～二二六)　曹操の長子。二二〇年の曹操の死後、魏王を嗣ぎ、ついでその年の十一月、禅譲の形式を踏んで、献帝から皇帝位を継承した。

▼**大司馬**　前漢武帝の前一一九(元狩四)年にはじめておかれ、当初は将軍号を冠したが、宣帝の前六七(地節三)年からは将軍号は冠せられなかった。成帝の前八(綏和元)年の改制にさいして、三公の一つとして制度化された。

らわして、順調に昇進をかさね、前八(綏和元)年、ついに大司馬に就任する。ただ、その翌年に成帝が死去する。成帝には嗣子がなく、その甥・哀帝が皇帝についた。この時点で、哀帝の生母と祖母(哀帝の父・定陶王の生母)が健在であり、彼女たちの生家が新しい外戚として実権をふるうこととなった。そのため王氏一族の勢威は失われ、王莽も大司馬を辞職せざるを得なくなる。すでに前一六(永始元)年に、列侯の爵位をえて、南陽郡の新野県に封邑をえていた王莽は、この時期、新野に三年間(前五~前二年)蟄居を余儀なくされたこともあった。ちなみに、後年、王莽は自らの王朝を「新」と号するが、それはこの新野に由来するものである。

その後、哀帝の生母・祖母の死や、太皇太后王氏の働きかけもあってか、前二(元寿元)年、王莽は中央政界に復帰する。翌年、哀帝が急死するや、太皇太后と王莽は共謀して、哀帝の寵臣であった大司馬の董賢《とうけん》を罷免して自殺に追いやり、ふたたび王莽が大司馬の地位につき、国政を担うこととなった。この時、王莽と太皇太后は、元帝の孫にあたる九歳の中山王を皇帝としたが(平帝▲)、それは王莽の傀儡でしかなかった。

▼**平帝**(在位前一~後五)　平帝の在位中に王莽が進めた、礼制や学制の整備は、たんに王莽の儒教尊崇の姿勢を示すものとしてのみではなく、近年の学界では、中国における「古典国制」形成の一環として理解すべきとも評価されている。

平帝即位の翌年（後一年）の正月、南方の越裳《えっしょう》氏の使者が長安を訪れ、白雉《はくち》一・黒雉《こくち》二を献上するというめでたい出来事（瑞祥《ずいしょう》）▲があった。これは、周の成王▲の故事を踏まえたものである。この一件は、年少の平帝を成王に比し、王莽を周公旦《たん》になぞらえたことになる。この瑞祥を受けた群臣の上奏によって、王莽は「安漢公」の称号を与えられ、以後、王莽の「徳政」を称える瑞祥があいついで起きるようになる。もちろん、越裳氏から雉が献上されたということ自体、王莽が益州《えきしゅう》（現在の四川省）を介して働きかけた結果にすぎないことは、『漢書』王莽伝に記されているとおりであるが、当時こうした「瑞祥」は、為政者の政治的権威を高めるのに有効であった。

また、瑞祥と同様の現象として符命《ふめい》や符図《ふと》▲と呼ばれるものもこの時代には権威をもった。平帝の在位中に、王莽の政治的地位は上昇の一途をたどり、五（元始五）年には九錫《きゅうせき》を賜与され人臣として前例の無い高い待遇を受けることとなる。平帝がその年の十二月に逝去するや、翌年王莽は、宣帝の玄孫《げんそん》にあたる劉嬰《りゅうえい》を後継者とするが、ちょうどその頃、右扶風《ゆうふふう》の武功県の県長の孟通なる者が井戸浚《さら》いをしたところ、井戸の底から白い石が見つかり、その表面には、

▼瑞祥　めでたい出来事とされる現象、例えば、鳳凰（聖王の時代にあらわれるとされる瑞鳥）の出現や、甘露（天下太平の時に降るとされる甘いつゆ）が降ったりすることであるが、こうした自然現象が社会・国家のありさまを示すという考え方は、前漢中期以降、儒家思想が讖緯《しんい》説と結合する過程で広く受け入れられるようになっていったものである。

▼周の成王　殷を滅ぼした西周の武王の子で、即位当初は年少であったため、その叔父で聖人とされる周公旦が政治を輔佐したとされている。

▼符命・符図　この武功県で「発見」された白い石に刻まれた文字のように、自然現象に付随して出現する未来を予言する内容を含む文字は符命や符図と呼ばれる。秦以前より流行が確認できる。また、こうした符命・符図は、讖《しん》とか讖言《しんげん》などと呼ばれることもあった。

「安漢公莽に告ぐ。皇帝となれ」と書かれてあったという。王莽はこの符命を全面的に活用し、自ら仮皇帝と称し、居摂《きょせつ》と改元して、劉嬰を皇太子とするにいたった。もちろん、現代の眼からみれば茶番劇にすぎないこうした演出は、当時の人々に権威あるものとして受け止められ、王莽もそうした状況を最大限活用したのである。

八(居摂三)年、王莽を正式な皇帝とすべきとする符命が続出し、十一月には、それらを根拠に、皇帝即位の足固めの一環として、「居摂三年」を「始初元年」に改元する。ついで王莽は、新たな符命の出現を太皇太后に報告のうえ、真の皇帝の座につく。十二月一日のことであったが、王莽は、暦を改めて十二月を歳首とし、その即位の日を始建国元年正月朔日とした。ここに、漢は滅亡し、新王朝「新」が成立したのである。

後述するように、王莽は、儒学の理念を尊重する政治をおこなったが、かえって社会に混乱をもたらし、それも一因となって新は短命に終わることとなる。注意しておきたいのは、符命・符図や緯書《いしょ》▲の流行は、当時の儒学思想の変容のあり方を示しており、本書の主人公・劉秀その人も、自らの政治的権威を高め

▼**緯書**　符命・符図を含め、陰陽五行、災異、瑞祥、天人相感などの諸説によって儒教の経典である経書を解釈しようとする考え方によって、前漢末から後漢初にかけて整理・編纂されたと考えられる書物群。王莽が重視した古文経に対抗して今文学説として整理が進展し、「乾鑿度《けんさくど》」「考霊曜《こうれいよう》」「元命包《げんめいほう》」など三字の編名を付して成立した。この緯書は「易緯」「書緯」「詩緯」「礼緯《れいい》」「楽緯《がくい》」「春秋緯」「考経緯」の七緯のほか、「尚書中候」「論語讖」「河図」「洛書」をも含む。

るためにそれらを積極的に利用したことである。その点において、劉秀も王莽もじつは変わらない一面をもっていたといえるのだが、これはまた後段で詳述したい。

王莽政権の政策と衰亡

このように漢から新への交替は、符命・符図を活用した宮廷革命であった。『漢書』地理志には、漢新交替に先立つ六年前、後二(元始二)年の農地の面積や戸口数が記録され、それによれば、人口は五九五九万四九七八人で、班固は「漢の極盛なり」と総括した。当時はどちらかといえば平穏な社会状況であったのだろう。符命・符図を活用した王莽の政治的野心に警戒した反乱は散発したが、国家支配の屋台骨を揺るがすような農民反乱——たとえば唐末の黄巣の乱——が起こったわけではない。いわば平和裡の政権交替であり、班固の評言のとおりであれば、社会経済的には安泰で最盛の状態を継承したのであるから、新は長期にわたって存続した可能性もあったと思われるが、実際は、わずか一五年で滅亡してしまう。その要因としては、王莽が理想とした儒教の理念にもとづく政治改革があまりにも現実社会との整合性を欠き、混乱を惹起《じゃっき》したことと、広汎な農民反乱や豪族反乱を誘引することになる社会政策の破綻とをあげることができよう。

　前者については、儒教の経典『周礼《しゅらい》』の理念にそった官制の改革や官名・地名の改変が知られている。長安を「常安《じょうあん》」と改称したことに代表される地名の改変はとくにはなはだしく、なかには五度変更されてもとの地名にもどったものもあったという。その他、貧窮農民の保護を意図した王田《おうでん》制と呼ばれた土地制度や、物価統制をねらった商工業の統制策なども実行に移されたが、いずれも現実社会との齟齬を生じて失敗に終わり、かえって社会に混乱をもたらすだけであった。

　後者については、黄河の下流域における決壊に対する不十分な対応をあげることができる。すでに王莽が政権を掌握していた平帝期に黄河と汴渠《べんきょ》が決壊し、皇帝即位後の一一（始建国三）年にも黄河は決壊したが、とくに、一一年の決壊は、黄河の河道が大きく東に移動するほどの大きなものであった。しかし、これらに対して積極的な治水政策▲はとられなかったといわれ、後者の場合にいた

▼黄河の治水政策　もちろん、この王莽の「怠慢」を伝えるのは漢王朝を讃える立場の『漢書』であるから、墳墓の地云々の件は、少し割り引いて考えたほうがよいかもしれない。ただ、最新の研究（濱川榮「両漢交替期の黄河問題と社会状況」『中国古代の社会と黄河』に収録）によれば、この時期にあいついだ黄河決壊の「放置」自体は、必ずしも「失政」とまではいえないようである。黄河の洪水は、当時「災異」として受け止められた。災異は瑞祥と正反対の現象であって、天子の不徳を戒めるものと考えられていた。そのため、あえて人為的努力で塞ごうとしても無駄であると考えられていたようであるし、また、黄河周辺の河川や水路の排水効果も洪水の害を軽減することにつながったようである。しかし、そうはいっても、決壊した黄河の東側に位置する淮水北岸の地域にとっては、決壊の被害は無視することができないものであった。王莽政権に大きな打撃を与えることになる

っては、黄河の河道の移動によって、王莽の祖先の墳墓のある魏郡の元城《げんじょう》県は、黄河の洪水が及ぶ危険性がなくなったため、むしろ王莽はあえて積極的対策をとらなかったとも伝えられている。ともあれ、班固が「漢の極盛」とまで謳った社会経済的な「遺産」を受け継ぎながら、新は事実上の失政をかさね、その結果、数多くの反乱▲を惹起し、一気に滅亡へと向かっていくことになるのである。

頻発する反乱

一七(天鳳四)年、琅邪《ろうや》郡海曲《かいきょく》県(現在の山東省日照《にっしょう》県西方)で呂母《りょぼ》と呼ばれた女性が、土地の少年たちを率いて反乱を起こした。この乱の契機は、呂母の息子がささいな罪で海曲県の県宰に死罪とされたことへの怨恨であった。酒造業を営んでいた呂母は、その資産をすべて傾け自ら武器を準備する一方、土地の貧しい少年たちに酒食をふるまうなどして交流を深める。資産を使いはたした時点で、呂母が息子の仇討ちをしたいとの本心を打ち明けるや、日頃の恩義を感じていた少年たちが数百人、加えて数千人の流亡者が集まった。呂母は彼ら

赤眉の乱がその地域から発生したことは、そうした一種の「無策」も原因であったのである。

▼両漢交替期の農民反乱　新の末期に中国各地で発生した反乱は『後漢書』等で確認できるだけで一〇〇を優に超える。木村正雄は、それらを、各地域の有力者が政治的に自立する目的をもって起こした「豪族反乱」と、窮乏した農民たちが起こした「農民反乱」とに概念化して、両漢交替期の諸反乱を網羅的に研究した。木村によれば、農民反乱の多くは、王莽の治水政策失敗の影響を強く受けた山東地方で発生しているという。

赤眉と劉氏反乱図

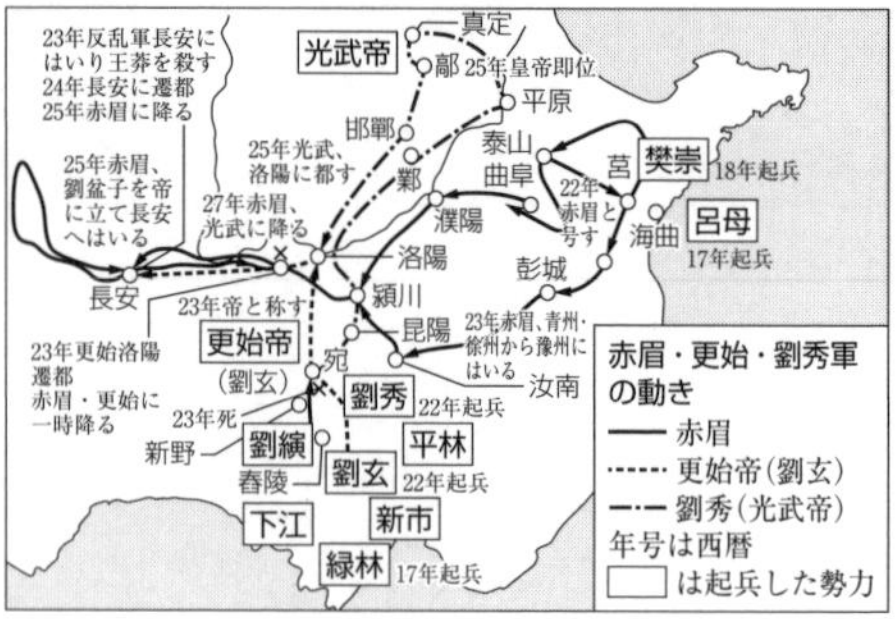

〔出典〕鶴間和幸『中国の歴史3ファーストエンペラーの遺産』講談社、二〇〇四年

を率いて海曲県を攻撃、仇の県宰の首を討って息子の墓前に供えたという。

呂母の乱と呼ばれるこの乱が起こった三年後の二〇(地皇元)年には、江夏《こうか》郡雲杜《うんと》県緑林《りょくりん》に、流亡していた人々が集まり始め、のちに緑林の兵と呼ばれる集団が形成され始めた。「人々は、群れをなして原野にはいり、争うようにして、野草を掘り出して食料とした」(『後漢書』劉玄伝)と伝えられる新の失政がもたらした状況は、追い詰められた農民たちをしだいに反乱へと駆り立てた。王莽政権下における代表的な反乱は、呂母の乱に引き続き、琅邪郡莒《きょ》県で樊崇《はんすう》が起兵した赤眉《せきび》の乱(一八～二七年)である。当初は数百人規模であった集団は、わずか一年の間に数万人の規模に成長し、王莽が派遣する征討軍との交戦にも勝利をかさねていく。

さて、緑林の兵は、二一年、この地を管轄する荊州の長官が派遣した二万の軍隊を撃退した。流亡農民も加わり、その勢力はさらに拡大する。しかし、翌年疫病の流行により、緑林の兵は構成員の半数以上を失い、その結果、南郡方面に移動した下江《かこう》の兵と南陽郡方面に移動した新市《しんし》の兵と呼ばれる二つの集団に分散した。その結果、南陽郡に属する平林《へいりん》県の陳牧《ちんぼく》らが、この新市の兵と呼応して軍事行動を起こすにいたるが、陳牧らの平林の兵と新市の兵の動向が、平林県にほど近い、春陵の劉氏一族の行動にも影響を与えることになる。

劉縯・劉秀兄弟の起兵

劉秀には、兄・縯がいて、父の死後、兄弟とも叔父の劉良に養われていた。春陵侯家の一員として勤勉に農作業に従事する劉秀とは対照的に、劉縯は王莽による漢の簒奪を嘆き、ひそかに漢の復興を期し、各地の優れた人材と交流していた。一方劉秀は、天鳳年間（一四〜一九年）、長安に遊学し▲、もっぱら『尚《しょう》書《しょ》』を学んだ。もし、呂母や赤眉のような反乱によって世情が騒然とすることがなければ、劉秀は学問を修めた篤実な地方社会の指導者として一生を終えたのではないかと想像されるが、春陵の近くで、陳牧らが蜂起する状況下、彼の運命は大きく変わっていくこととなった。

二二（地皇三）年は、南陽郡も自然災害にみまわれ不作となり、社会不安が増大するなか、劉縯の賓客《ひんきゃく》が罪を犯し、その累《るい》が及ぶことを避けるため劉秀は穀物販売を名目に南陽郡の中心である宛《えん》県に出かけていた。新市・平林の兵乱が

▼劉秀の遊学　当時は、儒学の特定の経典を専攻するのが一般的で、劉秀は『尚書』を学んだ。『尚書』とは、儒学の五経の一つで、堯・舜から夏・殷・周王朝までの王や諸侯が発した言葉や戦争にあたっての檄《げき》文《ぶん》などが記載された歴史書の体裁をとった書物である。前漢の宣帝の頃には、『尚書』には、欧陽家・大夏侯・小夏侯の三つの学官が建てられていたが、中国の曹金華の考証によれば、劉秀が学んだのは欧陽尚書であるという。

▼宛県の李氏　李通の父・李守は、王莽の宗卿師《そうけいし》〈王莽は後五年に、宗師を郡国ごとに設置して、宗室〈劉氏〉を管掌させたが、とくに尊重して宗卿師と呼んだ〉を務め、その子・李通に、「劉氏は再起し、その時は李氏が輔佐することとなる」という讖言を伝えていた。劉秀や李通が蹶起した時、李守はたまたま長安に滞在しており、逃亡しようとしてはたせず、王莽によって一族は誅殺されてしまった。

起こって南陽郡全体が騒然とするなか、宛の人・李通《りつう》▲は従弟の李軼《りいつ》とはかって、当時の「劉氏は再起し、その時は李氏が輔佐することとなる」という符命を根拠に劉秀に蹶起《けっき》を促がす。劉秀は、当初こそ躊躇したものの、兄・劉縯もいずれ起兵するであろうことや、各地の状況から新が倒れることを見通し、ついに、李通兄弟と行動をともにすることを決意する。その年の十月のことであった。

ほぼ時を同じくして、舂陵では、劉縯が地域の人々を説得して、起兵の準備を進めていた。舂陵の人々は起兵計画を聞き、当初は「伯升《はくしょう》（劉縯の字《あざな》）に殺されることになる」といって隠れる者さえあったが、劉秀が武装して宛からもどったのを見て、「あの謹厚な劉秀が同調するのであれば」と安心しあったという。こうして劉縯は、弟・劉秀とともに、舂陵の人々七〜八〇〇〇を率い起兵した。その直後、劉縯は、一族の劉嘉《りゅうか》を使者にたて、新市・平林集団を招き入れ、軍事力の増強をはかり宛県への進撃を進めていく。その過程では、下江の兵との連合にも成功する。王莽側との一進一退の攻防は、年が改まって大きく進展し、二三（地皇四）年正月には、劉縯らは宛城を包囲することとなった。

②—後漢王朝の成立と天下統一

劉玄政権の成立

王莽側に一撃を加えて宛を包囲し、新市・平林・下江の勢力と合体した劉縯・劉秀らの集団は、一〇万を超える勢力に達していたものの、特定の指導者のもとで統制がとれていたわけではなかった。そのため、劉氏のなかから人望のある者を皇帝に擁立することとなり、当然春陵の人々は劉縯を推したが、実際にこの集団の指導者として推戴されたのは、春陵劉氏の一族で、劉縯らとは又従兄弟の関係になる劉玄《りゅうげん》という人物であった。▲彼は、殺害された弟の復讐をしたために平林県で逃亡生活を送っていたのだが、陳牧らが下江・新市に呼応して挙兵したのに応じて従軍し、結果、劉縯・劉秀らと合流するにいたっていた。

二三年二月、劉玄は、淯水《いくすい》の中洲に檀を設け軍勢を前にして皇帝に即位し、年号を更始と定めた。春陵劉氏の長老であった劉良を国三老としたほか、新市・平林の部将たちを幹部に登用し、劉縯は大司徒《だいしと》に、劉秀は太常《たいじょう》・偏将軍《へんしょうぐん》に任じられた。ここに、劉玄を皇帝に戴くかたちで漢が復興したこととなった。

▼劉玄の推戴　劉玄の推戴にあたっては、劉縯の「威明」(『後漢書』劉縯伝)を嫌った新市・平林の部将たちがまず劉玄の擁立を決定し、皇帝を称するのは東方の赤眉の動向を確かめてからでも遅くないとの劉縯の反対意見を強硬に押し切っている。劉玄推戴の背後には、春陵劉氏一族と新市・平林集団との、主導権争いが存在したとみるべきであり、劉玄擁立を受け入れざるをえなかった背景には、この時点では新市・平林の武力のほうが優勢であった可能性を想定することができるだろう。

ところで劉玄について、史書の評価は高くない。『後漢書』は劉玄の人となりを「元来気が弱く(素《もと》より懦弱《だじゃく》)」と記し、その皇帝たるにふさわしいとは思えない行状——例えば、王莽滅亡後の長安に入城したさい、居並ぶ部将たちを前に、劉玄は「おまえたち、どれだけ略奪できたか」とたずねたという——をいくつも伝えている。『後漢書』を読んでいると、劉玄とはおよそ皇帝にふさわしくない人物であって、後述するように赤眉によって滅ぼされ哀れな最期をとげるのもやむなしと思わされるのであるが、はたして本当にそうであったのかは疑問が残る。のちの唐代の学者劉知幾はその著『史通』のなかで、実際の劉玄は指導者にふさわしい力量を備えた人物であったが、後漢時代に編纂された『東観漢記』のなかで不当に評価を下げられたのではないかと推測する。私もそうではないかと思う。後述するように、二年後、皇帝についた劉秀は、赤眉の攻撃を受けた劉玄を救けようともしていないし、劉秀を中興の祖とする後漢にあっては劉玄を漢の復興者にふさわしい人物であったとすることは禁忌であったろう。細かいことだが、劉玄が帝位についてから、劉秀が皇帝につくまでの二年四カ月の間を何時代と呼べばよいのか、じつは判断が難しい。「漢」

は「漢」であるが、「前漢」ではないし、ましてや「後漢」に含めるわけにもいかず、とりあえず「更始帝の時代」とでも呼んでいるのが実情であろうか。ちなみに『資治通鑑』▲を編んだ司馬光▲は、王莽の時代も「漢紀」に含めたうえで、劉玄の時代を、その死後に劉秀がおくった劉玄の諡号《しごう》「淮陽王《わいよう》」の時代としているが。

さて、劉玄らが宛県を包囲するなか、劉秀は、新市出身の王鳳らとともに別行動をとって潁川《えいせん》郡方面を攻撃して戦果をあげ続けた。二三年六月にはいると、長安から派遣された新の大軍を、昆陽《こんよう》県をめぐる攻防で劉秀の指揮する軍は大勝する。劉縯も宛を落城させ、劉玄も宛にはいってこの地を都と定めたのだが、この頃、劉秀にとって大きな事件が起こる。

兄・劉縯の死と劉玄政権での劉秀

昆陽を攻め落とした劉秀は潁陽《えいよう》に軍を進めていたが、政権中枢では、軍功をかさねる劉縯・劉秀兄弟に対する新市・平林の諸将の不安が募り、ついに昆陽の陥落から間もない二三年六月、劉縯が殺害されるという事態に陥ったのであ

▼**『資治通鑑』**　北宋の司馬光が編纂した歴史書。北宋の旧法党に属した司馬光が、神宗のもとで展開された王安石の新法に反対して閑職にあった時に一五年の歳月をかけて作成した。前四〇三年から九五九年の五代の末までが編年体で叙述されている。

▼**司馬光**（一〇一九〜八六）　北宋の政治家、学者。一〇三八年に進士に合格、地方官を歴任した後、中央で頭角をあらわし宰相候補となるが、新法に反対したため、閑職に甘んじることとなる。その時期に『資治通鑑』の編集に注力、完成させる。神宗の死後、旧法党の首領として中央政界に復帰するが、数カ月で死去し、その手腕を十分発揮することはなかったといわれる。

る。『後漢書』はあくまでも劉玄を擁する新市・平林派の嫉視によるものと描くが、実際には集団内部の舂陵派と新市・平林派の内部対立が頂点に達し、劉縯の殺害によって一時的に新市・平林派が集団を支配するにいたったとみるべきであろう。約一年前、劉秀に蹶起を促した李通の従弟・李軼でさえ、この時は劉玄に劉縯殺害を勧めていたほどである。

事態の不利を察した劉秀は、潁川郡の父城《ふじょう》県にあったが宛に舞いもどり、劉玄へ服従の意を示し、兄の死を悲しむそぶりすら見せず、喪に服そうとさえしなかった。それだけ集団内部での緊張感が高まっていたのであろう。

その後八月になると、劉玄政権は、洛陽・長安に向けた進軍を始めるが、この頃の各地で頻発した反乱集団は「更始」の年号を奉じて劉玄の詔命を待ったという。劉玄政権は、王莽を打倒し、漢を中興する有力候補と見なされるにいたったのである。劉玄政権の行動に呼応するかのように、河南や長安周辺でも続々と反乱が起こり、九月になると、そうした兵士たちが次々に長安城中に攻め込み、王莽は最期まで抵抗したが、乱戦のなかでついに殺害される。王莽の首は、宛に伝えられ市中にさらされるが、宛の人々はこれに鞭うち、なかにはその舌を切り取って食べてしまった者もあるといわれている。

同じ九月に洛陽が陥落すると、劉秀は、司隷校尉の兼官とあわせて洛陽を都とするための準備を命じられ、前漢の旧状を見事に復元する。この頃、長安周辺から洛陽に赴いた官人たちは、劉玄政権の部将たちの服装のだらしなさに失笑したものの、劉秀の配下の整然とした様子を見て感激を覚えたことが伝えられている。

劉秀の河北平定

二三年十月、洛陽にはいった劉玄が、各地に使者を派遣して自らに服属するよう呼びかけると、王莽から地方官に任じられていた者はもちろん、赤眉もいったんは降服の意を示した。劉玄政権は漢の正統な後継王朝へと成長しようとしていたのである。あわせて劉玄は、河北地方の平定を意図し、その責任者に劉秀を任じた。劉秀にこの大事を委ねるにあたっては新市出身の朱鮪《しゅい》の反対もあり劉玄もためらいがなかったわけではないが、劉縯の死後大司徒を務めていた春陵劉氏の劉賜《りゅうし》の強い勧めもあり、ここに劉秀は大司馬を兼任して河北方面征討の最高司令官として、劉玄の軛《くびき》からのがれることができたのである。

当初、劉秀の河北征討は順調に進み、王莽の旧弊を改めさせる方針は河北の人々に喜んで受け入れられた。しかしここで劉秀の前に立ちはだかった者がいた。それは、劉秀同様に前漢景帝の子孫にあたる劉林という人物であった。劉林は、邯鄲《かんたん》に進軍した劉秀に自らの献策が受け入れられないとみるや、前漢成帝の子・劉子輿《りゅうしよ》を詐称《さしょう》していた王郎を本当の成帝の子であると信じ、趙国の豪族の李育《りいく》らと語らい、邯鄲城を占拠して王郎を皇帝に擁立した。二三年の十二月のことである。王郎は部将を河北の各地に派遣し、自らを前漢の成帝の遺子・劉子輿と宣言し、劉玄から地方官の地位を認められた者も自らに従うようにとの文書を送付した。劉子輿生存説が当時広く信じられていたため、この策動は効果を発揮し、趙国以北、遼東以西の河北地域は、王郎に服従することになった。

このため、劉秀は一気に窮地に陥った。二四年にはいり、劉秀は王郎の本拠邯鄲を避けて北上して広陽《こうよう》郡の薊《けい》県への入城をめざしたが、薊県も王郎に応じたため、やむなく南下する。この劉秀の逃避行は、途中食糧にも事欠き、あえて王郎の使者を詐称してその官営の宿舎で食事にありつくなどの危険も冒してのものであった。何とか信都《しんと》郡までたどりつき、王郎に服しなかった信都太守の任光《じんこう》の助力をえて、態勢の回復をはかることができたのである。この頃には劉玄が都を長安に復していたので、いったん長安に撤兵するという議論もあったのだが、和成《わせい》▲太守邳彤《ひとう》の提案をいれ、邯鄲を平定することに方針を堅め直している。信都で態勢を立て直した劉秀は、信都周辺の郡太守や県令を糾合して勢力を拡大する。この時、鉅鹿郡昌城《しょうじょう》県の豪族・劉植《りゅうしょく》も一族を率いて劉秀に臣従したが、この劉植の仲介をへて、真定《しんてい》を根拠に十余万の勢力を率いていた劉揚《りゅうよう》▲と連合したことも、河北地域における劉秀の勢力の確立にとって大きな意義をもった。

劉秀は劉揚との連合が成るや、しばらく真定に滞在して、劉揚の姪にあたる郭聖通《かくせいつう》を后としてむかえいれている。『後漢書』では、劉植の説得に応じた劉揚が「降《くだ》った」と記載するが、実態は軍事的な連合であり、郭聖通との婚姻も真定の劉揚の勢力を取り込むための政略結婚とみるべきであろう。その後、北方の上谷《じょうこく》郡や漁陽《ぎょよう》郡の支持も取りつけ、ついに劉秀は軍事力で邯鄲の王郎を圧倒するにいたった。五月にはいってついに邯鄲は落城し、王郎は逃亡の途中で

▼和成　王莽の時、鉅鹿郡の一部が分割され、和成郡とされていた。

▼劉揚　前漢景帝の血統をひく真定王の嫡流であり、王莽の簒奪後は爵位を剝奪されたものの、王郎の蜂起を受けてその幕下にあった人物である。真定とは、王郎が本拠とした邯鄲と一七〇キロほど離れた河北の地で、現在の石家荘市の近くに位置している。

斬殺される。しかし邯鄲に入城してみると、劉秀配下の軍人役人たちが王郎に差し出していた手紙が見つかり、それは数千にも及んだという。劉秀は中身を確かめることなく部将たちの前で焼却したとされる。この逸話は要するに劉秀の人物の大きさを示すものとなっているわけだが、客観的にみれば、劉秀の陣営にあっても必ずしも勝利を確信できない状況であったことを示唆している。

劉玄は、王郎を打倒し河北の地を漢のもとに復した劉秀に対し、蕭王《しょうおう》の地位を与えるとともに、長安への復員を命じた。同時に、劉秀が平定した地域に新たな地方官を任命して派遣することになった。劉秀はこの時、配下の耿弇《こうえん》の進言をいれ、河北の地がまだ十分に平定されていないことを理由に帰還命令を拒んだ。劉秀はついに劉玄政権からの自立を始めたのである。

事実、王郎を滅ぼし、河北の有力者の支持をえたとはいえ、まだ赤眉をはじめとする多くの農民反乱集団▲が各地で略奪を繰り返しており、劉秀の勢力はまだまだ磐石ではなかった。そのため劉秀は、まずは農民反乱集団の制圧に注力する。秋には銅馬《どうば》や銅馬と連合する高湖《こうこ》・重連《じゅうれん》という集団に勝利し、その指導者を列侯に取り立て、降服した者たちは劉秀の部将たちの配下として分配した。

▼農民反乱集団　両漢交替期に中国各地で発生した、黄河の決壊や自然災害などで生活に困窮した農民が結集して起こした反乱。実際のところ、食糧を求めて流亡する武装集団にすぎず、『後漢書』にはその集団の名称は多数記録されているが、行政機構を設けて一定の地域を支配しようとする志向はなく、指導者の姓名などはほとんど不詳である。

更始年間から建武初年の群雄割拠

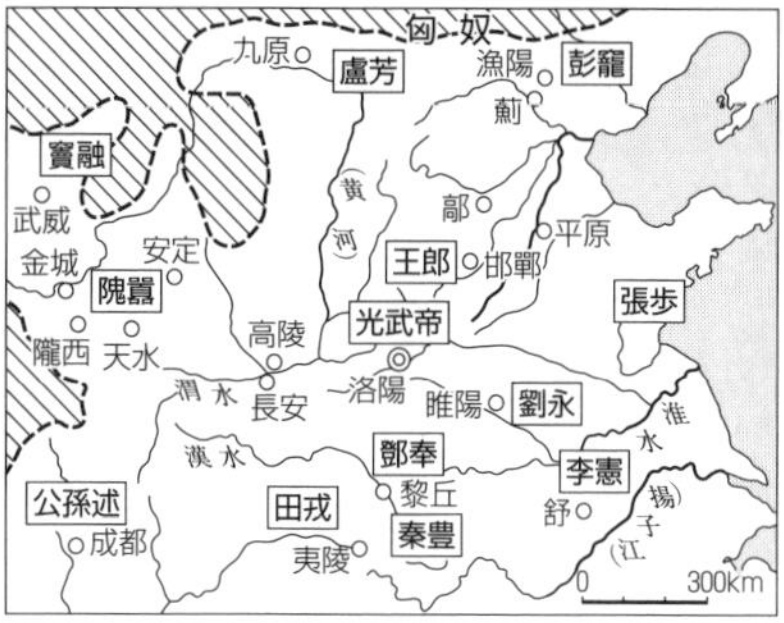

〔出典〕西嶋定生『中国の歴史2 秦漢帝国』講談社、一九七四年

これによって軍勢は数十万に膨れあがり、劉秀は「銅馬帝」とまで呼ばれた。

河北に散在する農民反乱集団の沈静化とあわせ、劉秀は西方への勢力拡大にも着手する。いったんは皇帝となった劉玄に臣従していた赤眉もこの頃劉玄から離反していて、二四年の時点で、赤眉は潁川郡に進攻して、連戦連勝であったが、集団の農民たちは出身地への帰還を希望する状態であった。そのため勢力を維持したい指導者たちは、攻撃の矛先をあえて西方の長安に向けていた。これをみた劉秀は、赤眉によって劉玄が滅ぼされることを見越し、その後に備えて西方への軍事行動を開始したのである。

明けて二五年は、波乱の一年となる。正月には、中山の北平県周辺にて農民反乱集団の尤来《ゆうらい》・大搶《たいそう》・五幡《ごはん》と戦って勝利をおさめたが、戦闘の途中で敵の反撃にあい、かろうじて脱出したものの、一時は劉秀が生死不明となる事態もあった。ともあれ劉秀は配下とともに尤来らを漁陽郡まで追撃大破し、これにより河北地域で劉秀に敵対する勢力はついえ、いよいよ本格的に西進して、河南の洛陽ひいては劉玄の拠る長安をうかがう形勢を確立することとなったのである。

皇帝即位とその当時の情勢

尤来らを大破した頃、劉秀の配下は、皇帝位につくよう劉秀に迫るようになった。彼の本心はうかがいえないが、最初はそうした進言を相手にせず、漁陽から広陽の薊県をへて、邯鄲へ帰還しはじめた。その途次、劉秀の配下たちは繰り返し皇帝位への即位を進言した。この年の四月に、益州に割拠した公孫《こうそん》述《じゅつ》が帝位について、国号を成家とした情報(三八頁参照)もあるいは彼らを刺激したのかもしれない。引き続き進軍を続けて常山《じょうざん》の鄗《こう》県に到達した時、ついに劉秀は皇帝につく決意をし、鄗の南にある千秋亭《せんしゅうてい》の五成伯《ごせいはく》に壇を築き皇帝位についた▲。六月四日のことであり、建武と改元される。

さて、劉秀が帝位についた二五年の時点での各地の情勢をみてみよう(二九頁の地図参照)。この前年の五月頃から、一度は劉玄に服した地方政権は離反し始めていたが、この時点で、赤眉は劉盆子《りゅうぼんし》を皇帝に擁立し、公孫述は益州で皇帝を自称し、劉永▲は睢陽《すいよう》にて自立し、やがて皇帝を自称するにいたっていた。その他、淮南《わいなん》王の李憲《りけん》、楚黎《それい》王の秦豊《しんほう》、南郡で掃地大将軍を自称した田戎《でんじゅう》、天《てん》水《すい》郡で西州大将軍を自称した隗囂《かいごう》、河西五郡(武威《ぶい》・張掖《ちょうえき》・酒泉《しゅせん》・金城《きんじょう》・敦煌《とんこう》)の

▼劉秀の即位儀礼　劉秀の即位儀礼は、新しく王朝を創設し皇帝となる儀式で、「告代祭天《こくだいさいてん》」の儀式と呼ばれる。中国史上、告代祭天の儀式内容が判明するのはこの劉秀の即位のものが最初である。劉秀は、鄗の南郊に設けられた小高い土壇に上り、柴を焚いて犠牲を焼き、その煙を天に上らせて上帝を祀り、同時に、もろもろの天神地祇を礼拝し、皇帝即位を示す祝文を朗読した。その祝文に、符命の文が引用されていることをこの時の特徴ということができる。

▼劉永　前漢の梁王の血統を継承する人物。前漢の皇帝家との関係からいえば、劉秀よりも血縁的には近いといえる。劉玄政権成立後、梁王に封じられていた。

漢魏洛陽城跡

〔出典〕松丸道雄・永田英正『世界の歴史5中国文明の成立』講談社、一九八五年

人々に推されて河西五郡大将軍を自称する竇融《とうゆう》など、郡の機構を統治の基盤とする政権が各地で乱立していた。すでに洛陽周辺や河東郡方面での戦いで劉秀側に連戦連敗であった劉玄政権は、長安でも内紛が起きて自壊の体《てい》を示しており、九月に赤眉が長安にはいってきた時には抵抗の余地なく赤眉に降服し、劉玄もその後殺害されてしまう。この頃ようやく洛陽が陥落し、十月に劉秀が洛陽にはいり、この地を都と定めるが、依然長安周辺は赤眉による略奪が続いていた。各地に地方政権が割拠し続けており、まだまだ全国統一にはほど遠い状況といわざるをえなかった。

天下統一への道

劉秀が洛陽にはいった二五年十月の翌月、劉永が皇帝を自称し、すでに皇帝を自称した赤眉の劉盆子と四川の公孫述を含めれば、この時点で皇帝を名乗った勢力が劉秀の洛陽政権を含め四つ存在したことになる。三六（建武十二）年に公孫述を滅ぼして再統一をはたすまで、後漢草創期の大きな政治的課題は、割拠する諸勢力をいかに服属させるかにあった。その概略は巻末の年表にゆずることとするが、一〇年を超える軍事行動の特徴として大きく三点をあげておきたい。

第一は、建国段階では、洛陽周辺の河内・河南と河北(幽州《ゆうしゅう》・冀州《きしゅう》)地方くらいが根拠地であって、劉秀の出身地である南陽・南郡方面ですら劉玄政権の残存勢力が服属しないままであったことである。これは、劉秀が皇帝に即位した時点ですら、その勢力は両漢交替期の複数の有力なものの一つにすぎなかったということである。しかも、漁陽郡での彭寵《ほうちょう》の反乱・独立、南陽での軍事行動にさいして新野県出身の鄧奉《とうほう》が離反するなど、この時点の劉秀政権自体が政治的に不安定であったことも指摘しておかねばならない。長安を中心とする三輔《さんぽ》地方(京兆・右扶風・左馮翊の三郡を指す)の平定にも時間がかかり、三輔から南陽・南郡方面に移動して劉秀政権に対抗し続けた延岑《えんしん》のような存在もあった。延岑と南郡の秦豊、北方漁陽の彭寵、山東の張歩《ちょうほ》の連携が成立した二七(建武三)年三月頃に、劉秀包囲網が完成したこともあった。劉秀配下の、馮異《ふうい》・岑《しん》彭《ほう》など優れた武将の活躍で各個撃破していくことができたわけであるが、それは結果論であって、建国間もない劉秀の後漢は、その勢力の維持・拡大にかなりの努力を必要としていたのである。

第二は、南陽・南郡方面の平定進展とあわせて、梁国の劉永を中心とする勢力の平定に注力できたことである。これは、二七年前後においては、いまだ長安周辺が混乱状態で、天水方面の隗囂の勢力と直接対峙する状況にはなかったこと、後述するように、南郡より南に位置する諸郡を含め、王莽の時期に郡太守クラスに任じられていた者の多くがごく一部の例外(廬江の李憲)を除き事態を静観して天下の帰趨を見守っていて王号や帝号を僣称《せんしょう》することがなかったことなどが理由として考えられる。まして、劉永は、前漢・文帝▲の子である劉武が冊立された梁王の血統の直系の子孫であり、長沙王の子孫であるとはいえ傍流中の傍流の出自にすぎない劉秀以上に、漢朝を復興する正統性を主張できたともいえるだろう。二七年から三〇年の正月にかけ、後漢はその全力をあげて、劉永とそれに連なった董憲《とうけん》・張歩らの勢力を壊滅させるのだが、洛陽にほど近い梁国に本拠をおいて帝号を僣称する集団の存在を認められないという以上に、漢の復興者としての自らの正統性を保つためにも、劉永とその子孫の存在は劉秀にはとうてい認めがたかったのであろう。

▼**文帝**(在位前一八〇~前一五七)
劉邦の子。前漢の第五代皇帝。呂后死後に、群臣に擁立され、代王から皇帝についた。その治世は平穏で、文帝は名君とされる。

第三は、両漢交替期に存立した勢力のなかには、王莽や劉玄政権の時代に地方官に任命された者が、その地位を利用して、当該地域において政治的に自立するか、王号等を僭称せずに事態を静観する事例が多くみられたことである。後者の事例としては、二九年、岑彭の呼びかけに応じて後漢に服属した、江夏郡・武陵郡・長沙国・桂陽郡・零陵郡・蒼梧《そうご》郡・交阯《こうし》郡の郡太守等の存在をあげることができる。これは、南陽・南郡方面の征討にあたった岑彭と交阯牧鄧《とう》譲《じょう》との親交に由来するものと『後漢書』では伝えているが、実態は、劉秀が淮水流域を確保し、劉玄政権滅亡後の中国に君臨することがほぼ確実視されるようになったことの反映ではないかと思われる。

涼州の河西五郡を率いた竇融の事例もこれにあたる。両漢交替の政治的混乱を軍事的経済的に優位な条件をもつ河西でやり過ごそうとした竇融は、劉玄から張掖属国都尉に任じられて河西に赴いていた。その後、劉玄の敗亡を受け、武威・張掖・酒泉・金城・敦煌の五郡の太守から「行河西五郡大将軍事」に推戴され、中原から離れた地で安定した地方統治をおこなっていた。しかし、竇融の場合あくまで自立の目的は事態の静観であった。劉秀即位の情報がはいると、早速後漢への通交を願ったものの、いかんせん河西と洛陽とはあまりにも遠く、そのため、当初は後漢の正朔《せいさく》を奉じた隗囂を介して後漢に服属するかたちをとったのである。ただ隗囂は後漢からの自立の機会をうかがい、竇融にも誘いを向けたため、一時は竇融政権内部で方向性をめぐる議論がおこなわれたこともあった。しかし、慎重な性格の持ち主であった竇融は、最終的に劉秀との連携を選択し、二九年に使者を劉秀のもとに派遣した。劉秀は、竇融との連携を非常に喜び、彼に黄金二〇〇斤と涼州牧の地位を与えた。その後、三二年、隗囂征討のために親征した劉秀と竇融は、安定郡高平県の第一城で会見し、竇融に安豊侯の爵位と安豊《あんほう》県を含む四県(いずれも廬江郡の属県)の封邑を与えたが、これは建国の功臣に匹敵する待遇であった。隗囂やその背後に位置する四川の公孫述との対決を控えた劉秀にとって、この竇融のふるまいは貴重なものであったのであろう。四川の公孫述を平定した後、竇融は配下の五郡の太守とともに洛陽に入朝するが、まず冀州牧に任じられ、その後三七年四月には、三公の一つである大司空にまで任じられている。

隗囂と公孫述

三〇年、劉永政権に連なる山東方面の残存勢力を平定した時点で、依然として後漢に服属せず地方に割拠していたのが、隗囂と公孫述であった。

隗囂は、三輔の右扶風に隣接する天水《てんすい》郡成紀《せいき》県の人物で、王莽末期の二三年、各地で反乱が頻発するなか、叔父の隗崔《かいさい》らが在地の勢力を率いて起こした反乱軍の主として擁立された。「上将軍」を自称し、「漢復」の年号を用い、漢の復興に協力するとの姿勢のもと、王莽政権の雍州牧《ようしゅうぼく》や安定大尹《あんていたいいん》▲を攻撃、殺害して、その勢力を、近隣の諸郡に拡大する。その後、劉玄の招きに応じ、隗囂は二四年に長安に赴き、御史大夫にまで任じられるが、翌年、赤眉の攻撃を受けて劉玄政権が瓦解するなか長安を脱出し故郷にもどる。改めて「西州大将軍」を自称し、天水を中心に安定・隴西《ろうせい》・武都《ぶと》の地を確保して政治的に自立の姿勢を示した。

劉玄政権の滅亡後、二七年頃までは、長安を中心とする三輔地域の政情は安定せず、そのため三輔地域の名のある人物は、隗囂のもとに身を寄せたという。例えば『漢書』の撰者班固の父・班彪《はんぴょう》は、右扶風安陵《あんりょう》県の人であるが、この

▼大尹　王莽は、郡太守を「大尹」と改称した。

▼**敵国の儀**　「敵国」の「敵」は、「匹敵」の意味であり、この時、劉秀は隗囂に対し表向きは対等の立場で外交関係をもったことになる。

▼**隗囂に対する公孫述の支援**　隗囂は、公孫述に臣下の礼をとり、三一年には朔寧王《さくねいおう》に封建されている。

班彪もまた、劉玄政権滅亡の混乱のなか、隗囂のもとに身を寄せている。

隗囂と劉秀の関係は、当初は友好関係にあった。二七年、隗囂が洛陽に使者を送ったさいには、劉秀は隗囂に対し「敵国の儀▲」を用いて厚遇したという。しかし、隗囂には、竇融のように後漢に完全に服属する考えはなく、劉秀が隗囂に対し四川の公孫述政権の攻撃に協力させようとしても、のらりくらりと積極的な協力の姿勢を示さなかったため、ついに劉秀は、武力で隗囂政権を打倒することを決意する。三〇年のことで、劉秀は親征を決意して長安に駐屯するほどであった。しかし公孫述の支援▲を受けたこともあって、隗囂はその後約三年間抵抗を続けた。最終的には、三三年春、天水の西城で抵抗を続けていた隗囂の病死によって、事実上隗囂政権の命脈はつきる。隗囂の遺臣たちは、その遺子・隗純を擁立してなお劉秀に服属しない姿勢をみせたものの、隗囂の死の翌年十月、ついに降服する。残るは、四川の公孫述政権のみとなったのである。

ちなみに、「望蜀」という言葉がある。『広辞苑』によれば「一つの望みをとげてさらにその上を望むこと。足るを知らないこと」とされるが、これは、隗囂平定の直前、その前線にあった岑彭に対し、隗囂を平定した後には公孫述へ

▼**隴**　隗囂が支配していた地域の略称。

▼**導江卒正**　王莽によっては、蜀郡は導江に改名され、太守も卒正と改名された。

の攻撃の準備をするよう命じた劉秀の勅書の中の言葉「人というものは、足るを知らないことに苦しむものだ。隴《ろう》▲を平定したとなれば、今度は蜀を望むようになってしまう」(『後漢書』岑彭伝)に由来するものである。

最後まで劉秀への服属を拒んだのが公孫述である。公孫述は、右扶風茂陵県出身、新の天鳳年間(一四～二〇)に導江卒正《どうこうそっせい》▲に任じられていた。劉玄政権が発足すると、公孫述は蜀郡の有力者と協働し、劉玄から輔漢将軍・蜀郡太守・益州牧に任じられたと自称し、あわせて漢中郡や広漢郡で起こった反乱を平定した。二四年には、劉玄が一万人あまりの軍を益州に派遣したがこれを撃退し、ついに蜀王を自称して成都を都と定めた。以上の経過からうかがえるように、公孫述もまた、王莽に任じられた地方官としての立場を利用した自立勢力の一つであった。

経済的にも軍事的にも公孫述の支配する益州の地は有力であり、その地には各地から人々が戦乱を避けて移住してきていた。また、当時西南夷と呼ばれていた人々の君長たちも貢物を奉じて成都に使者を送るようになっていた。こうした状況を受け、公孫述は、劉秀が皇帝位につく二カ月前の二五年四月、皇帝に即位し、国号を「成家」、年号を「龍興」と定めたのである。

すでにみたように、後漢は三〇年くらいまでは、もっぱら洛陽の東方や南方の平定に専心していたため、長安周辺の有力者のなかには公孫述に服属するものもあったし、後漢に敗れて公孫述のもとに亡命した延岑や田戎のような人物もいた。

また公孫述は、讖緯《しんい》思想を好んだことでも知られる。四章で詳しく述べるが、讖緯にもとづき、自らが王莽を継承すべき正統な存在であり、漢の復興はありえないとする主張を、後漢の支配下の地域にも喧伝して、そのため劉秀も困惑したことが伝えられている。

隗囂が後漢の攻撃を受け、公孫述に臣従せざるをえなくなった三一年頃になると、公孫述も劉秀との直接対決を意識するようになった。公孫述政権の騎都尉を務めていた荊邯《けいかん》は、国内の精鋭を江陵や漢中方面に進め、積極策をとって益州周辺の諸地域を服属させ後漢と対峙する献策をおこなった。公孫述もその策をいれようとしたものの、自衛に専念すべしとの策に抗しきれず、結局、益州の天然の要害に依拠する消極策をとることになった。

そのため、隗囂政権の滅亡後は、いわばじり貧となり、三五年に、後漢の征南大将軍岑彭率いる軍勢に、南郡の要害荊門《けいもん》を奪取されると、長江を遡って侵入する後漢軍の攻撃をしりぞけることが難しくなり、公孫述の軍勢は敗北をかさね、なかには離反して降服する武将も続出した。そうしたなか、公孫述側は、刺客を放って後漢の征討軍の中枢にあった岑彭や来歙《らいきゅう》を殺害するという抵抗をみせたものの、その後、後漢の歴戦の勇士である大司馬の呉漢《ごかん》が、南郡の夷《い》陵《りょう》県から長江を遡って公孫述の本拠蜀郡をうかがう形勢となっては、公孫述の命運は決した。三六年の九月、成都は呉漢の率いる後漢軍に包囲される。二カ月あまり抵抗し、公孫述は自ら数万の軍を率いて戦場に赴いたものの、最後は胸に槍を受けて負傷し、そのまま死去する。ここに、最後まで後漢に服属せず益州に自立していた公孫述政権は滅亡し、後漢の中国統一が成ったのである。

公孫述政権の滅亡にさいして二つのエピソードを紹介しておこう。公孫述の死後、成都を占領した呉漢は、公孫氏と、公孫述と最後まで行動をともにした延岑と、彼らの一族を皆殺しにしたうえ、兵士に略奪を許し、宮殿に火を放ったという。これは、劉秀の怒りをかい、呉漢その人はもとより、その副官を務めていた劉尚も厳しい譴責を受けた。また、公孫述政権滅亡の翌年、三七年四月に、呉漢は洛陽に凱旋する。この時、益州から、公孫述のもとにあった瞽師《こし》(目の見えない宮廷専属の楽人)や天地・宗廟の祭祀のさいに用いる楽器・祭器・車駕などが運ばれてきたというが、これによってようやく後漢では王朝の祭祀や鹵簿《ろぼ》(皇帝の行列)の儀式に必要なものが完備されたという。建国直後の後漢では、正式な儀式に用いる物品がそろわないなか、地方都市の成都ではそれが整っていたという事実からも、公孫述政権の隆盛ぶりをうかがうことができるだろう。

③―国家統治の再建と光武帝の施政方針

国家統治体制の整備

　王莽を打倒する反乱軍のなかから身を起こして後漢を建国した劉秀であるが、彼が再建した国家統治の体制は、意外なことに王莽が建設しようとしたものを少なくとも理念的には継承するものであった。それは、『礼記《らいき》』▲王制篇や『周《しゅ》礼《らい》』▲といった儒家の経典に典拠を求めた国家統治のための仕組みである。「漢家故事」(五〇頁参照)と呼ばれた漢王朝本来の体制から、こうした儒家的理念にもとづく体制への転換の模索は、前漢の元帝期から開始されたもので、じつは前漢最末期の王莽執政期に一度ほぼ完成をみたものであった。渡辺信一郎(同氏『中華の成立』)によれば、この体制は、「古典国制」▲とも呼ぶべきものである。劉秀が再建しようとした国家統治のための仕組みは、前漢の最末期に整備されたものであるという意味では、たしかに漢の復興と呼びうるものであるが、その実態は王莽によって整備・導入されたものの活用であったことは興味深い。四章で触れる讖緯思想への傾倒という点も含め、同時代の思潮に寄り添

▼**『礼記』**　儒教の経典の一つ。礼に関する理論および解説を記したもの。儀礼の解説、制度や生活の作法、礼一般および学術、音楽、政治などに関する理論的記述を含んでいる。

▼**『周礼』**　儒教の経典の一つ。周王の天下統一下における理想的な行政組織について、細かに組織的な規程を叙述している。かつては、西周の武王の弟・周公旦が制定した官制を記したものと信じられていたが、歴史的事実とはいえない。その成立時期は、王莽時期を下限にさまざまな説がある。

▼**「古典国制」**　渡辺信一郎が提唱する、歴代の中国王朝が絶えず立ちもどって参照する政治社会のあり方を概念化したもの。それを構成する事項としては、①周の都であった洛陽への遷都、②西周の東西両都制を古制とする畿内制度の整備、③三公の設置、④十二州牧制の導入、⑤

関中の諸地域で実施されていた祭祀を都の南郊と北郊との祭祀に統合して実行、⑥五郊（南郊・北郊・中郊・西郊・東郊）において五行の神祇を祀る迎気《げいき》の導入、⑦皇帝の祖先祭祀である宗廟の整備、なかでも天子七廟合祀の導入、⑧土地神と穀物神を祀る社稷の整備、⑨辟雍《へきよう》・明堂・霊台の整備、⑩学官の整備、⑪二王後の封建（自らの王朝の前二代の王朝の子孫を封建すること。漢にあっては、殷と周の子孫が該当した）、⑫孔子の子孫の封建、⑬楽制（宮廷音楽）の改革、⑭天下の号の使用、⑮九錫・禅譲の制の導入などであった。

ったという意味では、王莽と劉秀は共通点が多い。さて、後漢によって再定位される「古典国制」のうち、ここでは後漢時代をつうじて宰相としての地位を分掌した「三公」制と、後漢の地方統治の仕組みにかかる「十二州牧」制について、述べていくこととしたい。

三公と劉秀の施政

まず三公制であるが、三公とは、宰相としての職を担当する、大司馬・大司徒・大司空のことで、前漢成帝の前八（綏和元）年に導入され、その後、丞相制に回帰したのち、哀帝の前一（元寿二）年にふたたび導入されたものである。劉秀は、皇帝に即位すると、まず、同郷の鄧禹《とうう》を大司徒に、ついで王梁を大司空に、呉漢を大司馬に任じた。この三公制は、五一（建武二十七）年に、大司馬が太尉に改称され、大司徒・大司空の「大」字が削除されて、それぞれ「司徒」「司空」となったものの、後漢末、曹操が丞相制を復活させるまで継続する。

即位直後の劉秀が三公に任じた人物をみると、大司空に王梁を任じたのは劉秀が信奉した讖緯思想の影響であるので別にすると、鄧禹は劉秀の郷里舂陵にほど近い南陽郡新野の出身で、劉玄に仕えることなく、河北征討に向かっていた劉秀のもとに直接赴きその後も劉秀と行動をともにした人物であり、呉漢は、当初は漁陽を本拠としていた彭寵の配下であったが、彼もまた劉秀にほれ込み、彭寵を説得して劉秀に援軍を派遣させて自ら王郎との戦いで劉秀と行動をともにして功績をあげた人物であった。この鄧禹と呉漢を三公に任じたことだけをみれば、劉秀がこの三公の地位を重視していたようにみえるのであるが、これはいわば建国時の例外的な措置であって、じつは、後漢時代をつうじて、三公は、名目上の「宰相」にすぎず、政策の立案・決定という意味での国政上の機能においては必ずしも重要な位置にあったわけではないのである。

一つには、劉秀は、雲台二十八将▲と呼ばれる建国の功臣については、一部を除いて、責任をともなう重要な官職につけなかった。劉秀の在位中、兼官を除いて正式に三公の地位についた建国の功臣は、前述の鄧禹・呉漢を除けば皆無で、河西五郡を率いて劉秀に帰順した竇融が三七年から七年間大司空に任じられたが、竇融その人は雲台二十八将には数えられていない。劉秀が一部の例外を除いて功臣を重職につけなかったのは、功臣がその官職上のあやまちにより、

▼雲台二十八将　劉秀とともに後漢建国期の軍事行動に従事した功臣で、明帝がその肖像画を洛陽の南宮の雲台に掲げた二八人のことを指す。彼らのほとんどは、高い官職にはつかなかったものの、列侯の爵を受けて、その封邑からえられる収入は保障されていた。

▼三公が剝奪された職掌　劉秀は御史台《ぎょしだい》を設置して三公から監察権を剝奪したほか、首都圏を監察し従来

功績によってえた地位や経済的利益を失うことのないよう配慮したからだと『東観漢記』では語っている。

また、後漢にはいって、三公が従来保有していた重要な職掌を剝奪▲されたことも、その実質的な地位の低下を齎《もたら》したといえるが、国政上の重要事項が尚書▲令以下尚書台の官吏たちと劉秀との討議で決定されるようになったことが、相対的な三公の地位の低下につながったことも見のがせない。この事態を、後漢末の仲長統《ちゅうちょうとう》▲はその著『昌言《しょうげん》』において、「劉秀は、前漢の後半に、数代にわたって皇帝が実権を失い、王莽が政治をほしいままにしたことを恨みに思い、不正を改めることには過剰なまでの姿勢で臨み、政務を臣下に任せきりにすることはなかった。三公がおかれるといっても、重要な政策は尚書たちが決定するようになったため、三公はただその地位にいるだけにとどまり、政治上、何か問題が出来《しゅったい》すると、責任を負わされるだけの存在となった」と語っている。前漢・武帝期以降、尚書に代表される皇帝の身近に位置する官人によって構成される内朝《ないちょう》の政治的権限が増大し、丞相や三公以下外朝《がいちょう》の権限が相対的に低下して執行機関化する流れが、後漢建国以後、いっそう進展したということでもある。

は大司空に隷属していた司隷校尉を独立させて、単独の監察機構としたこと、従来三公が州刺史から受けていた報告を直接皇帝が受けるようにしたことなどがあって、後漢の三公の権限は弱体化した。

▼尚書　元来、尚書は、九卿の一つ・少府の属官で、皇帝の秘書官的存在にすぎなかった。ただ、上奏される文書を皇帝に取りつぐ権限を保有していたことや、前漢の武帝の死後、事実上の最高実力者となった霍《かく》光《こう》(?～前六八、武帝の後継・昭帝の死後、擁立した昌邑《しょうゆう》王劉《りゅう》賀《が》を廃位して、宣帝を立てるなど、権勢をふるった)が、尚書の職務を兼任したことなどから、しだいにその職務の重要性が高まるようになっていた。

▼仲長統(一八一～二二〇)　後漢末期の学者・官人。荀彧《じゅんいく》の推薦で尚書郎となったこともある。古今の治乱や時世の頽廃を論じて、『昌言』を著した。

後漢の地方行政

古典国制論によれば「十二州牧制」の導入は劉秀によるその再定位ということだが、ただ後漢の地方統治の仕組みについては、もう少し説明が必要となる。

周知のとおり、秦の始皇帝の時代に、そのすべての領域に導入された郡県制▲は、漢の成立後、いわゆる郡国制▲へと転換した。文帝期から進展した諸侯王に対する抑損《よくそん》政策が進展し、それに対抗して諸侯王側が起こした景帝期の呉楚七国の乱▲が諸侯王側の敗北に終わったこともあって、おおむね武帝期には、諸侯王国や封邑をえた列侯国は存在するものの、諸侯王や列侯の封域における支配権は形骸化▲し、実質的には郡県制に復したと理解されている。後漢までをつうじて、漢代の地方統治の軸の一つはこの郡県制であった。郡や県の長官や一部の幹部は、いわゆる郷挙里選▲をへて一定の資格をえた者のなかから選抜されて朝廷から直接当該地域に派遣され、それによって中央の威令が地方にまで及ぶことが制度的には保障されていたといわれている。それでは古典国制論にいう、「州」とは何であるのか。

そもそも、「州」とは、刺史《しし》▲の監察範囲を示す地域区分で、したがって監察

▼郡県制　戦国時代の秦では、中央集権的な政治体制確立の進展にともない、複数の聚落を統合して「県」を設置し、県には朝廷から直接官僚を派遣して統治させる仕組みが整い始めた。新たに征服した広大な領域には「郡」を設置して、そのなかに県がおかれるようになり、郡・県を媒介に中央集権的な国家統治の仕組みがしだいに成熟していったのである。

▼郡国制　前漢の建国にさいして、劉氏の一族や劉邦の功臣を諸侯王に封じたことにより、漢の朝廷が直轄する郡県制の領域と、諸侯王国の領域とが並存する状態を郡国制という。

▼呉楚七国の乱　文帝以来の諸侯王に対する領土削減などの政策に対して、呉国・楚国などの諸侯王側が前一五四年に起こした反乱。結果は諸侯王側の敗北に終わった。

官であった刺史は、当初は郡太守や国相の上位に位置する行政官ではなかった。しかし、前漢元帝の頃から、刺史にも現地採用される属吏が配置され、また、監察という職務を担当したこともあって、しだいにその当初の職掌を超えて、郡太守の上位の行政官として認識される傾向を示すようになっていった。古典国制の整備が進展した前漢末・成帝の前八(綏和元)年には、刺史は「州牧」と改称され、官職の序列を示す官秩も、刺史の六百石から、州牧になると真二千石に高められている。

後漢に継承された州牧であるが、四二(建武十八)年に、名称は刺史に復し、官秩も、六百石に改められる。前漢末から後漢初期の「州牧」時代は、地方統治を担うそれぞれの機構の長を官秩順に並べると、州牧(真二千石)—郡太守(二千石)—県令・県長(千石〜六百石)という序列になり、おのおのが管轄する地理的範囲の広狭と対応していたのだが。ふたたび官秩六百石の「刺史」にもどり、地方行政の制度的な外形は前漢武帝以降のそれと変わらないものとなったのである。すなわち、郡には長官である太守と副官の丞が、県には長官である県令・県長が派遣され、属吏を統率しながら、農業の振興・人事考課・裁判など

▼諸侯王・列侯の支配権の形骸化　朝廷から派遣される相《しょう》(諸侯王国の場合。郡であれば太守に相当)や侯相(列侯国の場合。県であれば県令に相当)が実質的に政務をおこなうようになったため、当該地域の政治的支配という観点からすると、諸侯王や列侯の存在は形式的なものとなった。

▼郷挙里選　漢代の推薦制による官吏登用制度。州刺史や郡太守などがその管轄区域から適切な人物を、「秀才(後漢では茂才《もさい》)」「孝廉《こうれん》」などの名目で定期的に推薦する場合と、天変地異などの場合に臨時に高官に対して「賢良《けんりょう》」「方正《ほうせい》」などの名目で推薦させる場合とがあった。

▼刺史　前漢・武帝の前一〇六(元封五)年の設置当初は、郡太守や諸侯王国の相の職務を監察する官であった。

▼「刺史」から「州牧」への改称　この前八年の刺史から州牧への改称

の政務をおこない、県は郡の監督下におかれていた。そして、刺史は、州ごとに一人配置され、その州に属する郡や諸侯王国の政務を監察し、朝廷に報告することを職務とするようになったのである。

劉秀の地方行政改革

ここまでみたように、劉秀が再建した地方統治の外形は武帝期以降の前漢時代のそれと大きくは異ならないようにもみえるが、しかし、両漢交替の混乱をへた後漢の建国期に、劉秀は、大きな改革をおこなっている。

その一つは、両漢交替期の変動をへた結果、存立が困難になった多くの県を廃止したことである。『漢書』地理志に記載された前漢平帝の二(元始二)年の県が、後漢建国直後の三七(建武十三)年頃に引き続き存在していたか否かを明らかにした木村正雄の研究(『中国古代国家の形成』)によれば、『漢書』地理志に一五七七確認できる県のうち、四七八が廃止されたということである。三分の一に近い県が廃止されたということは、それだけ両漢交替期のたびかさなる戦乱による荒廃や人口の減少が激しかったことの反映であろう。

は、三公制の導入とも連動したものであった。ちなみにこの時州牧の官秩は真二千石とされたが、これは、九卿と呼ばれる官人層の官秩中二千石に次ぐものであり、諸侯王国の国相の官秩と同等のものであった。前五(建平二)年、哀帝の即位直後に、三公制が丞相制に回帰したのにあわせて、州牧も刺史に復した。この改制の背景には、王氏との血縁関係のない哀帝の即位により、儒家の経典を参照して「古典国制」への改革を推進していた王莽一派の失権があった。したがって、哀帝の死によって、王氏一族がふたたび執政するようになると、前一(元寿二)年に、州牧へともどされ、王莽やその後の劉玄政権そして後漢にも継承されたのである。

▼官秩　漢代では官僚の等級は、丞相や三公の「万石」から始まり、「二千石」「比千石」などとあらわされ、官秩と官職とは原則として対応していた。官秩が容量をあらわすこ

もう一つの改革は、郡や諸侯王国におかれていた都尉▲を廃止し、国境地帯を除き郡や諸侯王国に配置されていた常備軍を廃止したことである。それまで、郡レベルでの漢の地方統治にあっては、一般政務を担当する太守と、軍事・警察面を担当する都尉とを分離し、相互に牽制させていたのであるが、劉秀は、三〇年八月、都尉を廃止して、その職務は太守に移譲することとし、その翌年、当時材官・騎士などと呼ばれていた郡レベルの常備兵をも撤廃してしまった。この改革のねらいは、常備軍に徴兵されていた一般農民を農業に専心させ、社会の安定を招来するところにあったと思われる。

なお、劉秀は同時に、功臣が個別に統率していた軍隊についても兵権をたくみに回収することに成功している。直接地方行政にかかわるわけではないが、後漢は建国直後にこうした軍縮が実施され、国境地帯を除いて平時には地方に常備軍が配置されなくなり、中央に皇帝直属の軍がおかれることとなったのである。

さて、改めて州の問題に立ち返りたい。四二年、皇帝の直轄領域を構成する州の長官の官秩を引き下げ、「州牧」という儒学の文献に典拠を有する雅称を、

うした表現を用いられていたのは、かつて俸禄が穀物で支給されていたことの名残と考えられる。官秩の容量の表記は記号化していて、実際に官僚が受領する俸禄は、官秩ごとに定められ、「七銭三穀」すなわち、貨幣で受ける分と現物(穀物)で受ける分が七対三であったといわれている(宇都宮清吉の説による)。

▼**都尉**　郡におかれていた郡の常備兵の訓練や統括、ならびに警察業務にあたっていた官で、官秩は太守(二千石)に準ずる比二千石、太守の治所とは別の県に治所を有し、丞以下の属官を有する存在であった。

いかにも実務的な「刺史」という名称に復帰させたことは、「古典国制」を構成する他の指標と比較すると明らかに異質である。また、州牧から刺史への改称については、その事実が史料に残されているだけで、なぜ実施されるにいたったのかについては記載がない。しかしながら、なぜ劉秀は、州に関して、あえてこうした措置をとったのか、ここではその理由を探ってみたい。

刺史を州牧と改称した前漢の成帝は嗣子に恵まれず、その死後、皇帝についたのは、成帝の弟の子で定陶王を嗣いでいた劉欣《りゅうきん》（諡号は哀帝）で、その即位の年である前五（建平二）年、州牧の名称が刺史にもどされている。保科季子によれば、この改称の背景には、元帝期から成帝期にかけて進展した「古典国制」路線を推進する王莽ら王氏の勢力と、「漢家故事」▲路線を掲げて王氏と対抗しようとする勢力との政治的暗闘に王氏が敗れたことが想定されるという。この時、王莽は一切の官職を辞し、封地である新都県に退隠の生活を送る事態にまでも陥った。「古典国制」路線を進める王氏の勢力を朝廷の中枢から排除した哀帝の治世のもとでは、哀帝自身が諸侯王から皇帝に即位した事情への配慮ともあいまって、州牧が刺史に改称されたと考えてよいのではないだろうか。ち

▼**「漢家故事」**　「古典国制」が確立する前の、漢王朝創業以来の伝統に依拠した官制のあり方や祭祀などを指す。王莽の進めた路線に対抗する勢力が、漢本来のあり方として強調するさいに用いた概念。なお、こうした勢力の背後には哀帝の生母丁氏一族の存在が想定される。

なみに、これとあわせて、成帝が導入した三公制も、やはり「漢家故事」を象徴する丞相を頂点とする中央官制にもどされている。

この推測は、ふたたび刺史が州牧に改称された前一（元寿二）年の、哀帝死後の政局を検討することでも裏づけられる。王莽は、哀帝の死の前年に長安に呼びもどされていた。すでにこの時点で哀帝の祖母傅氏と哀帝の生母丁氏とは死去しており、哀帝の死後その日のうちに未央宮にはいった王太后▲はただちに王莽を召喚して事実上全権を委ねた。傅氏や丁氏の勢威を背景に王氏らに対抗した勢力は、政治的に敗北し、ふたたび「古典国制」路線に回帰したと考えることは可能である。じつは、この年の刺史から州牧への改称については、どの月に実施されたかは前漢時代の官制についての基本史料である『漢書』百官公卿表においても明示されていないのであるが、以上の状況を踏まえれば、哀帝死後、王莽が朝廷の実権を掌握した頃との推測も成り立つのである。

こうしてみると、前漢末における州牧と刺史のたびかさなる改称の背後に国制上、州と諸侯王国とをどのように位置づけるべきかについての対立する見解があったことがうかがい知れるのである。

▼**王太后**（前七一〜一三）　諱は政君。前漢元帝の皇后で、成帝の生母、王莽の伯母。

　ここで、劉秀が皇帝に即位して以降の後漢の諸侯王のあり方について、詳細な研究を遺《のこ》した鎌田重雄の研究に依拠しつつ概観しておこう。劉秀は、二六（建武二）年、舂陵劉氏一族に連なる人物を中心に諸侯王として封建した。そのなかには、劉秀・劉縯兄弟の育ての親というべき叔父の劉良や、劉縯の遺児・劉章や劉興などのほか、前漢の真定王家の血統を引く劉得のように舂陵劉氏一族とは血縁的には縁遠い人物も含まれていた。ところが、劉秀は、三七年に、舂陵劉氏に連なる諸侯王の王号を「公」号に、それ以外の諸侯王は列侯に格下げする。ついで、三九年三月になると、建国の功臣らが、劉秀の皇子たちにしかるべき称号と封地を与えるべき件を上奏し裁可される。ただし、この段階では、劉秀の皇子たちは「公」に封建されたにすぎなかったのだが、その二年後、四一年十月になって、公号は諸侯王号へと昇格するにいたった。ここに、劉秀の皇子たちが諸侯王に封建されて、漢の藩屛として正式に位置づけられることとなったのである。皇帝の親属が諸侯王として皇帝を補佐するという「漢家故事」的な地方統治のあり方の転換は、「州牧」という称号にも変更を迫ることになったのではないだろうか。四二年の、州牧から刺史への改称の背景には、以上に述べた、後漢における諸侯王国制の整備が影響しているものと思われるのである。

こうして、後漢の地方統治体制は、郡県制のもとで、刺史が郡太守の職務を監察するという、外形的には前漢武帝期以降のそれに回帰することとなったのである。ただ、劉秀の治世において、刺史の常駐化▲が進み、三公を経由せずに刺史が直接皇帝に上奏できるようになったことが確かめられるが、結局のところ、前漢最末期から後漢初期にかけて、州の長官が高い官秩をえて、郡太守や県令の上位に位置して政務をおこなった経験は、後漢時代をつうじて進展する刺史の行政官化と職掌の拡大を促進することにもつながったと思われる。

奴婢の解放

そもそも劉秀は、前漢景帝の血統を嗣ぐ者であるとともに、南陽郡春陵侯国において支配的地位にあった大土地所有者・劉氏の一族でもあった。「五口《ごこう》」▲の単婚小家族からなる小農民が人口の多くを占めるなか、漢代の農村社会では、春陵の劉氏のような存在は、史料上「豪彊《ごうきょう》」などと呼ばれ、現代の歴史叙述に

▼刺史の常駐化　前漢時代の刺史は、定期的に管轄する州域を視察するだけで、固定された役所は存在しなかったようであるが、属吏の配置などが進み、後漢にはいると、刺史の治所が固定化した。

▼五口　漢代にあって農民の家族の人数は五人程度であり、それは史料上、「五口之家」などと記述されていた。

▼豪族　漢代において地方の農村で同族結合を強めつつ大土地支配をおこない、周囲の農民に土地を貸して小作料をとり、地域において経済的・社会的に影響力を有した存在。

豪族の邸宅

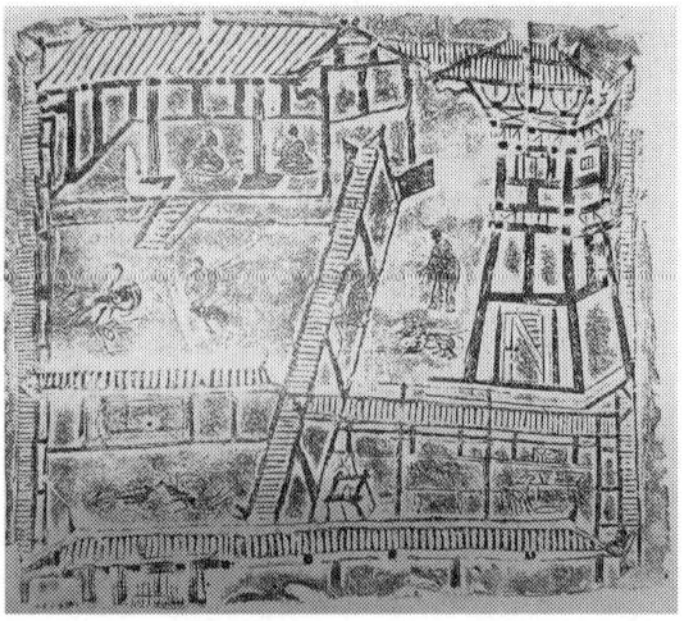

▼奴婢　「奴」は男奴隷を指し、「婢」は女奴隷を指す。

さいしては「豪族▲」と表記される。劉秀もいわば南陽の豪族出身であり、劉秀と行動をともにした部将たちの多くも豪族出身とみられる。とくに劉玄のもとから離脱して河北地域の平定を進めたさいに劉秀の配下にはいった武将たちは、河北諸地域の豪族出身であった。そのため、後漢王朝は豪族連合政権と見なされる傾向があり、またたしかに後漢一代を通じて、郷挙里選を介して官界に出身したのは豪族出身の人物が多かったことも否定しがたい事実ではある。

　しかし劉秀自身が豪族出身であったからといって、豪族の階級的利害を優先した政策をとったとは必ずしもいえない。その一例として、たびたび奴婢▲解放を実施したことをあげることができる。王莽の時代には、法令にふれて奴婢身分に陥《お》とされるものが多く、また、両漢交替期の混乱のなかで生業を失った農民のなかには、その妻子を奴婢として糊口をしのぐ者もあった。劉秀は、皇帝即位の翌二六年五月に、売られて奴婢となった者で父母のもとに帰ることを希望する者を解放する詔を出したが、これ以後も、三〇(建武六)年十一月には王莽の時代に法を犯して奴婢とされた者を解放したほか、四川の公孫述政権を滅ぼした後にも奴婢とされた者の解放令を出している。奴婢の救済は、少なくとも豪族層の経済的利害とは一致しなかったはずで、ここにはむしろ苦境に陥った庶民を救済しようとする劉秀の姿勢を見出すことができよう。

土地調査と豪族対策

建国期の後漢が豪族層に対してどのように向き合ったか、また当時の豪族層が在地社会にあってどのような振る舞いをしていたのかについては、劉秀が天下再統一をはたした後、三九(建武十五)年から四〇年にかけて起こった、耕作地の面積や人口調査にかかわって最終的には大規模な反乱すら惹起した一連の事件の経緯をみることからうかがうことができる。

三九年、耕作地の面積と戸籍調査を実施するよう詔が州と郡に下される。通常、毎年の県の業務として、「案比《あんぴ》」と呼ばれていた耕作地の面積と管下の人口状況調査をおこない、その結果を郡に報告▲することになっていた。わざわざ詔を下して実施されたこの調査は、何らかの理由で郡からの報告には信頼がおけないとの判断が背景にあったと考えられる。事実、耕作地の面積の報告が正確におこなわれず不法に占拠されていたり、戸籍の内容に不正確な点があった

▼県から郡への報告　漢代には、郡は毎年、上計と呼ばれる一年間の政務報告を朝廷に対しておこなうことになっており、管下の県から報告された耕作地の面積と人口状況も朝廷に報告されていたはずである。

▼**牘**　木材でつくられた書写材料。細長い簡とは異なり、やや幅広な板状のものであることが多い。

ようである。

この調査結果は、各郡から派遣された使者が劉秀に直接報告することとなっていた。陳留《ちんりゅう》郡からの使者を劉秀が引見したさい、使者が差し出した牘《とく》▲の上に「潁川郡・弘農《こうのう》郡のことは問うてもよいが、河南と南陽については問うてはならない」と記載されていた。不審に思った劉秀は、その記載された内容の意味を問い質《ただ》すものの、使者はまともに答えようとせずに、「洛陽の長寿街で拾ったものです」と答える有り様で、劉秀は怒る。

その時、帷《とばり》の後ろにいた当時十二歳の劉秀の子・劉荘《りゅうそう》(のちの明帝)が、「その役人は郡の命令を受け、耕作地の面積を実際のものとはあえて異なるものとして、潁川や弘農と同等の水準にして上奏しようとしたのですよ」と声をかけた。それを聞いた劉秀は、「もしそうであるのなら、どうしてわざわざ河南と南陽には問うてはならないといっているのだ」と劉荘に尋ねる。それを受けて、劉荘は「河南は洛陽のある地域で近臣が多く住んでおります、また南陽は帝室の故郷で近臣が多く住んでおります。そのため、耕作地や宅地の所有の状況があるべき基準を超えているので、陳留郡からの報告にあたって参考とすることができないのです」と答えた。そこで劉秀は厳しく取り調べをさせたところ、潁川の使者も真実を述べたが、それはまさしく劉荘の発言のとおりであったという。

こうして、当初の詔を受けておこなわれた調査には問題があることが劉秀にも認識されることとなり、新たに調査官を派遣して再調査がおこなわれた。これは三九年の秋頃のことであったようである。その結果、多くの郡太守による不正が判明し、劉秀は極めて厳正に対処した。この年、大司徒に抜擢されたばかりの儒学者・欧陽歙《おうようきゅう》が、前任の汝南太守時代の不正が明らかになって、獄死するにいたったのを皮切りに、翌四〇年九月にかけて、さらに一〇人あまりの郡太守が獄に下され、獄死している。そのなかには、陳留郡の使者がもっていた牘に書かれていた河南の長官である張伋《ちょうきゅう》と南陽郡の太守であった劉隆《りゅうりゅう》が含まれていた。劉隆は、劉秀の建国の功臣の一人であったため、官職を剝奪されて庶人とされるにとどまった。そのほかにも、劉秀の皇子らが封建されていた東《とう》平《へい》国の国相・王元《おうげん》、東海《とうかい》国の国相・鮑永《ほうえい》(ただし鮑永は洛陽に召喚される途中で許された)も耕作地の報告が不正確であったことで処罰されている。

それでは、郡太守らの犯した不正とはどのようなものであったのだろうか。『後漢書』劉隆伝の伝えるところによれば、州牧や郡太守は、その土地の有力者を優遇して、多くの一般の農民に負担を押しつけようとしたということである。具体的には、『東観漢記』の佚文《いつぶん》の伝えるところによれば、家屋の面積までも耕作地の面積に算入してしまったという。おそらく、一般の農民については実際に所有する以上の土地を所有していることとしてその分の租税の負担を負わせ、豪族には実態よりも少ない負担で済むように調査内容を偽装していたということであろう。しかしこうした不正は、劉秀が調査官を派遣して再調査をおこなったことによってただされ、耕作地と戸籍の状況は正確なもの、換言すれば豪族層には負担が増大するようなものとして朝廷に報告されたと思われる。

しかし事態はこれで落着したわけではない。耕作地調査で不正をおこなったとして一〇人を超える郡太守が処罰された四〇年九月には、各地で豪族らが反乱を起こし役所を攻撃して、郡県の幹部を殺害するという事態にいたった。追討軍が派遣されると反乱軍は解散してしまい、追討軍が引きあげるとふたたび反乱が復活するという状況で収拾がつかず、とくに、青州《せいしゅう》・徐州《じょしゅう》・幽州《ゆうしゅう》・冀州の地域の状況が深刻であった。青州・徐州は、後漢の建国期に農民反乱が跋扈《ばっこ》した地域であり、それだけに地域の豪族層の影響力に郡太守らが屈していた可能性が高い。また、冀州と幽州は、劉玄政権から劉秀が自立したさいに根拠地としたところであり、建国の功臣のなかには当該地域の豪族層から出身した者も多かった。

ここで劉秀は、反乱を抑えるために、新たな対応策をとる。十月にはいると、各地に皇帝の使者を派遣し、反乱軍とそれを追討する義務のある地方官とに対し、新たな方針を提示する。まず、反乱軍に対しては帰順を呼びかけ、五人ごとに一人を斬って投降した場合にはその五人の罪を許すこととした。

また、本来反乱軍を討伐する義務を負っていた各地方官(州牧・郡太守・県令・県長ら)に対しても、特別の措置をとった。前漢武帝期以降、悪事を知りながら故意に見のがすことは「見地故縦」の罪として処罰されることになっていたし、この事例のように賊軍の発生を見のがしたり捕らえられない場合には「沈命法《ちんめいほう》」が適用されて原則死刑となることになっていた。こうした規定の存在が、現地の地方官に反乱軍の討伐を消極的にさせたことは想像にかたくない。そこで劉秀は、これまでの反乱軍討伐に関する地方官の失敗や傍観については不問に付し、これ以降の賊を捕らえた数のみを評価の対象としたのである。ただし、賊を隠匿した場合については処罰することとしたが、これは実際に管下の地域の豪族と結託する地方官の存在がかなりの確率で予測されたということでもあろう。

この方針転換はみごとに奏功した。地方官は積極的に反乱軍を捕らえ、解散させることに成功する。捕らえられた各地の反乱軍の指導者たちは、他の地域に強制的に移住させられたものの、その移住先で耕作地を与えられ、生活を保障された。その結果、反乱が頻発した地域であっても家畜を放し飼いにしたまま村の入口の門を開け放しにできるようになったと、『後漢書』光武帝紀は伝えている。

それでは以上にみた、三九年から四〇年にかけて起こった一連の事件はどのように評価すべきであろうか。かつては、劉秀自身が豪族層の出身であることもあって、惹起された反乱に対してとられた対応の宥和的な面のみに着目して、結局のところ後漢は豪族層の主張に妥協したものとしてこの一連の事件は理解される傾向にあった。しかしながら、陳留郡からの使者との応接から、耕作地や戸籍の調査に関して多くの地方官に不正があることを察知し、新たに調査官を派遣してその調査を徹底しておこなった点に着目すれば、建国期の後漢は、むしろ豪族層の利益のみに顧慮していたわけではないと理解すべきでないだろうか。

　この一連の事件に、新たな照明をあてたのが中国の曹金華の研究であった。曹は、『続漢書』五行志に見える四一年二月の日蝕の記事に注目する。そこには、「日蝕は、胃宿《いしゅく》九度で起こった。胃宿は穀物倉にあたる。ちょうど各地で田租の不正の罪で裁かれた事件が起こったばかりだったので、天下の人々は恐れおののいて、穀物についてしきりに話題にした。それに対する天意が胃宿九度で起こった日蝕として示されたのだ」と記載されている。曹はこの記事から、一連の事件の結果、地域の有力者に忖度するかたちでの耕作地や戸籍の調査は一掃され、全国で適切なかたちで調査が実施され、その結果、租税収入や農民に課す労役の徴発も順調に進められるようになったと判断しているが、妥当な見解といえるだろう。

こうして三九〜四〇年にかけて起こった一連の事件を収拾した結果、地方官と結託した豪族層の行きすぎた私的利益の追求と農民層への圧迫は緩和され、劉秀の地方統制はかなりの成功をおさめたことになる。一般に、後漢時代は、初代の劉秀から明帝・章帝の治世までは、民情も安定していたと評されるが、この一連の事件は、その基礎を固めたことになったといえるであろう。

建武年間の酷吏の活躍

劉秀の豪族層に対する姿勢は、范曄が『後漢書』の酷吏《こくり》列伝に立伝した董宣《とうせん》という人物の動向からもうかがえる。

董宣は、北海《ほっかい》国の国相を務めていた。董宣の任地には、北海国の五官掾《ごかんえん》▲も務める公孫丹という豪族がいた。公孫丹が居宅の新築にあたって占いをさせたところ、占い師は、厄除けのために死者をおくべきと告げる。そこで公孫丹は、自分の子に命じて行きずりの人を殺害させ、その屍体を屋敷のなかにおいて、禍を未然に防ごうとした。これを知った董宣は、ただちに公孫丹父子を捕らえ

▼**五官掾**　郡国の現地で任用される属吏。郡吏の任免賞罰をつかさどる功曹につぎ、役所内の諸部局の事務を統括する重要な役職であった。

て死罪とした。この事態を受け、公孫丹の宗族や親しい者たちは、武器を手に北海国の役所を訪れ、冤罪だと叫んだ。そこで董宣は、かつて公孫丹が王莽に付き従っていたことや、公孫丹一派が海賊と手を結ぶことを憂慮し、ことごとく捕らえて劇県の牢獄に拘束し、部下の水丘岑《すいきゅうしん》に命じ全員を殺害させたのである。

この結果、董宣は、青州牧の監察を受け、濫《みだ》りに多数の人を殺害したとして弾劾され、朝廷の廷尉のもとに出頭する。結果、死刑の判決が出るが、執行直前、このことを耳にした劉秀が執行停止を命じ、改めて使者を派遣して董宣の主張に耳を傾けた。董宣が公孫丹にまつわる実情を劉秀に訴えた結果、董宣と部下の水丘岑は放免され、董宣は、懐県の県令への左遷だけで許されたという。

この一件は、董宣が北海国相であった三四(建武十)年前後の状況を示している。後漢の建国期のことで、王莽と関係の深かった地方の有力者に明白な犯罪行為があったのだから、少々の逸脱は是認されても差し支えないようであるが、董宣の行為は無条件には是認されなかった。公孫丹父子への措置はともかく、親族らまでも一網打尽に殺害したのは行きすぎと判断され、その結果一度は死刑の判決を受けることになっている。しかし、最終的に、県令への降格という措置はともなったが、董宣の命は許されたことから考えると、建国期の後漢には、少々の逸脱は許容して、地方の有力者の放埒な振る舞いを抑制し、朝廷派遣の地方官のもとで在地社会の安定をはかろうとした姿勢があったといえよう。

こうした建国後の後漢の地方官がとった自らの管下地域の有力者に対する措置はほかにもみられる。それは、三七(建武十七)年頃に、河内《かだい》郡懐《かい》県の県令に就任した趙憙《ちょうき》の事例である。趙憙が、懐県に赴任すると、そこでは琅邪国の国相も務めた李子春という豪族が勢威をふるい、その二人の孫が殺人を犯しても罪に問われないほどであった。そこで趙憙は自ら取り調べを進め、その身柄を拘束し、殺人を犯した二人の孫は自殺に追いこまれた。李子春に対して、洛陽方面から数十にも及ぶ助命嘆願が寄せられたが、このことは彼の勢威が懐県の範囲を越え洛陽にまで及んでいたことを示している。しかし趙憙は態度を変えなかった。たまたまこの年、劉秀の叔父で趙王の劉良がなおる見込みのない重い病に罹《かか》っていた。劉良は、李子春と親しかったため、病床を見舞った劉秀に最期の願いとしてその助命を願ったが、趙憙の行為を是とした劉秀はそれを認めなかった。劉秀自身が、在地社会において不法な振る舞いをする豪族を法に則って処断する地方官の対応を認めていたことを意味しよう(ただ、李子春その人は、劉良の死後、叔父の遺徳を偲んだ劉秀によって助命されてはいるが)。

以上のように、劉秀治世下の後漢にあっては、豪族層の不法な行為や経済的な逸脱は基本的に是正される方向で政治的に扱われていたことが理解できる。たしかに劉秀その人は、南陽の豪族階層の出身ではあったが、劉秀によって建国された後漢は、少なくとも彼の治世下にあっては、豪族層の放埒な振る舞いを放置するようなことはなかったのである。

④—劉秀と讖緯思想

劉秀に即位を決断させたもの

ここまでみてきたように、劉秀は、王莽の新を倒し、その後の政治的混乱を収拾して漢を復興し、地方統治の体制も整備しつつ社会秩序の安定に務めた優れた指導者と評価できる人物である。しかし、一方、現代に生きるわれわれからみると、劉秀には、そうした英邁な皇帝像と矛盾するようにみえる面も存在する。それは、讖緯《しんい》思想への耽溺である。

そもそも王莽末期、南陽の李通が劉秀に起兵を勧めた根拠が、その父・李守の語る「劉氏は再起し、その時は李氏が輔佐することとなる」という讖言であった。王莽が符命・符図を活用して皇帝位を簒奪したことは一章でみたとおりである。劉秀の生きたこの時代は、今の感覚からすると迷信の類にしか思えないそうした言説が、人々の意識に働きかける大きな影響力を有していたのである。

その影響力の大きさを、劉秀が皇帝への即位を決意するにいたった経緯、なかでも臣下からの即位に対する進言への劉秀の対応をみることで確かめてみよう。二五(更始三)年正月、農民反乱集団との死闘を制して劉秀が河北地域を完全に掌握した直後から、最終的にその年の六月二十八日に皇帝に即位するまでの間、再三即位を固辞する劉秀への進言と、劉秀の対応は次のようになる。

農民反乱集団との戦闘に勝利し広陽の薊県に引きあげようとした時、最初の勧進がおこなわれる。群臣のなかから進んで発言した振威《しんい》将軍の馬武《ばぶ》は、今こそ皇帝に即位する絶好の機会であり、薊県に到着したらただちに即位すべきで、いたずらに「謙退」すべきでないと述べたが、これはあくまでも政情を踏まえた発言であった。こうしている間に、四月、益州に拠った公孫述が皇帝を自称してしまう。

その後、劉秀は薊から趙の邯鄲に向かうが、その途次、中山に到着した時点で、二度目の勧進がおこなわれた。ここでは、劉秀が北方を平定した結果、天下の三分の二(三分の二はさすがに誇張であるが)の領域と百万の軍隊を保有したことを根拠に、皇帝への即位を求めたが、やはり劉秀は聞き入れようとはしなかった。

常山の南平棘《なんぺいきょく》県に到着したところで三度目の勧進がおこなわれると、劉秀はまだ時期尚早であると答える。これに対し、王郎の軍に追われ窮地に陥った時から臣従する耿純《こうじゅん》が、付き従う者たちの志をとげさせ軍団の結束を保つためにも皇帝に即位すべきとの趣旨の真摯な進言をおこなうと、さすがの劉秀も「自分も考えてみようとは思っている」と答えたが、まだふんぎりがつかないようであった。

さらに常山郡を南下した劉秀の軍は、鄗県に到達する。目的とする邯鄲まで直線距離でおよそ一〇五キロの地点であった。そこに、劉秀が長安に遊学中、宿舎を同じくしていた旧友の彊華《きょうか》が『河図赤伏符《かとせきふくふ》』なる書物を携えて訪れる。そこには、「劉秀は軍隊を発動して不道な者たちを捕らえ、四夷は雲のように集まり龍は野に戦い、四七のさいに火が天下の主となる」と書かれていたという。この「四七のさいに火が天下の主となる」とは、劉邦が天命を受けて皇帝に即位してから二〇〇と二八年後に、火徳の劉氏の王朝が復活することを含意する。これを受けて群臣は、「ここに天命を受けた符《きざし》がある以上、それに応じることが最上のことなのです」と始まる進言をおこなった。その進言のなかには、彊華のもたらした『河図赤伏符』に示される天の意思は、その昔、周の武王が殷を討伐するために孟津《もうしん》から黄河を渡河したさいに船中に飛び込んできたという白魚に記された、紂王を討つべしとの天意を示す文字以上のものであるとの一段もあった。結局劉秀は、この進言を受け入れるかたちで皇帝即位を決意し、鄗県の南に位置する千秋亭五成陌に壇を築かせて、即位の儀式をおこなったのである。

つまり、劉秀に皇帝即位を決意させるにあたってもっとも効果があったのは、配下の武将たちの期待感や客観的な政治情勢の分析ではなく、『河図赤伏符』という書物に記された天の意思(符命)だったのである。もしくは、この時代において、皇帝位への即位を合理化するもっとも効果的なものが符命だったということもできる。王莽も自らの正統性の根拠を符命に求めていたわけで、その点で王莽と劉秀にはやはり共通性があるのだが、劉秀の段階にいたってそれが『河図赤伏符』というように書物の体裁をとっていたらしいことは興味深い。周の武王の時の船中に飛び込んだ白魚の逸話も『尚書中候』という書物に記されていたようである。さらにいうと、『後漢書』光武帝紀には、即位の儀式をおこなったさいに、劉秀が読みあげた祝文のなかに、「讖記によれば『劉秀が、兵を発して不道なるものを捕らえれば、卯金（＝「劉」の文字のつくりの部分）は徳を修めて天子となるであろう』」との記載もある。いかに劉秀が符命と、それらが記される、のちに緯書と呼ばれることになる書物に強い関心と信頼を寄せていたかが理解できるであろう。

讖緯思想と両漢交替期

讖緯思想に耽溺し、符命や緯書の記載を重視したのは、もちろん劉秀だけに限った話ではない。両漢交替期には、現代の視点からみると当時の人々が讖緯思想に「翻弄」されたとしかいえない話が続出する。

例えば、即位直後、劉秀が、讖文の記載を根拠に平狄《へいてき》将軍の孫咸《そんかん》に大司馬の職務を担わせようとしたが、周囲の不興をかって撤回したということがあった。孫咸なる人物の事蹟が今日ほとんど伝えられていないことからも、この人事が「讖文」の記載以外はいかに〝いい加減〟なものであったかは容易に想像できる。

また、王郎討伐の直前に河北で軍事的に連合した真定王劉揚の讖記偽造事件も興味深い。劉揚は、前漢の滅亡時点で真定国王の地位にあり、血統的には劉秀以上に漢の皇帝に近しい存在である。彼がどのように劉秀の即位をみていたかは想像にかたくない。二六（建武二）年、劉揚は、「赤九の後、癭揚《えいよう》が主と為る」との讖記をつくり、当時綿曼《めんまん》と呼ばれていた反劉秀集団と誼《よしみ》をつうじてしまった。「赤九」の「赤」は、火徳を奉じた漢を、「九」とは、劉秀が劉邦の九代のちの子孫にあたることを指し、「癭揚」とは、当時、癭（首にこぶができる病気）を病んでいた劉揚のことをあらわす。この劉揚のはかりごとは洛陽にもれきこえ、劉秀は使者を派遣して劉揚を召し出そうとしたが、劉揚は城門を固く閉じて使者との面会を拒むにいたった。そこで劉秀は建国の功臣の一人・耿純に全権を付与して真定に派遣し、結果、耿純は策略をめぐらして劉揚を誅殺するにいたる。讖記をつくることで自らの政治的願望がかなうことを劉揚は期待していたと思われるが、その意味で劉揚もまた讖緯思想に翻弄された一人といえるだろう。

両漢交替期の群雄と讖緯思想

両漢交替期に劉秀と覇を競った群雄たちもまた讖緯思想から自由ではなかった。なかでも公孫述は、讖緯思想の影響を強く受け、また積極的に利用した一人である。元来が王莽に任命された導江卒正(蜀郡太守)であった公孫述は、王莽滅亡後の政治的混乱の時期にあっても益州を掌握し続け、配下の李熊《りゆう》の勧めを受けて、二四年にまず蜀王を自称する。李熊はさらに皇帝即位を迫るが、さすがに公孫述も躊躇《ためら》いがあったようである。そんな公孫述はある日、誰かが「ハム子系、十二為期」と語る夢をみる。これは「公(=ハム)孫(=子系)氏が天子となるが、一二年かぎりである」ということを意味する。妻に相談すると、「孔子でさえ、『朝《あした》に道を聞かば、夕《ゆうべ》に死すとも可なり』といっているではないですか。まして一二年もあれば十分でしょう」と答えて公孫述を後押しし、またちょうど龍が蜀王府の殿中にあらわれ夜に光り輝くという「瑞祥」が起こる。そのさい、公孫述は、手のひらに「公孫帝」という文字を記したという。自ら「瑞祥」を偽作したということであろう。これらの「瑞祥」を理由に、公孫述は皇帝に即位し、国号を「成家」と定め、龍興という独自の年号を制定した。

また、色は白を尚《たっと》ぶこととしているが、これは赤徳の漢・土徳の新の後継となる金徳の王朝としての自意識を示したものである。それだけに、公孫述には、漢の復興を旗印に着々と勢力を拡大する劉秀に強い対抗意識があり、劉秀治下の人々に自らの正統性を示す「根拠」を記した書を送る、現在でいうプロパガンダ活動をおこなった。その根拠とはすなわち符命や緯書の類であり、次のようなものであった。

- 孔子は漢の将来を暗示するために『春秋』をつくった。『春秋』が魯の隠公から哀公までの十二代を対象とするのは、漢が高祖劉邦から平帝までの十二代で天命がつきることを意味している。同一の姓がふたたび天命を受けることはない（だから劉秀の漢の復興は成就しない）。
- 『河図録運法《かとろくうんほう》』という書物には「昌帝を廃して、公孫を立てる」、『河図《かと》括地象《かっちしょう》』という書物には「帝軒轅《けんえん》が天命を受け、公孫氏がそれを握る」と書かれている。『孝経援神契《こうけいえんしんけい》』という書物には「西の太守（である公孫述）が、卯金（＝劉氏）を乙す（きしませる）」と書かれている（これらの書物の記載のとおり、公孫氏が天命を受けているのであって、劉氏がふたたび天命を受けたわけではない）。

●五行▲の順序では、黄徳（＝土徳。王莽の新を指す）が赤徳（＝火徳。漢王朝）を継ぎ、白徳（＝金徳）が黄徳を承《う》けることとなっている。金が西方に拠ることで白徳となるのであるから、（西方に拠る）公孫氏が（黄徳の）王氏にかわることが、本来のあるべき順序となるのである。

こうした公孫述の主張には、劉秀も困惑したようである。劉秀は、手紙を送って公孫述に反駁したという。その反駁は、次のとおりである。

●図讖《としん》にいう「公孫」とは、（前漢の武帝の曾孫にあたり民間から皇帝に即位した）宣帝のことを指しているのである。

●漢にかわる者は当塗高《とうとこう》といわれているが、君は「高」なる者といえるのか。

●（手のひらに浮かび出た文字を瑞祥として喧伝した公孫述に対して）王莽もさまざまな「瑞祥」があったがそれに効果はあっただろうか。

といった内容で、劉秀はその手紙に「公孫皇帝」と署名したという。この公孫述と劉秀のやり取りから、この時代における皇帝としての正統性が讖緯思想によって裏づけられるべきとの思いが強かったことがうかがえよう。

▼五行思想　一種の自然哲学にもとづき、万物は火・水・木・金・土の五種類の元素からなるという考え方であるが、この思想が重視されるようになった漢代以降、それぞれの王朝が五行のいずれに相当するかが意識されるようになった。漢については、前漢の武帝の時に土徳と定められたが、その後火徳に改めるべきとの議論が生まれて、最終的に漢は火徳とされた。これは、五行思想のなかの「五行相生」説（木は火を生み、火は土を生み、土は金を生み、金は水を生み、水は木を生む）と、劉邦が起兵前に道で大蛇を斬ったところ、その夜の夢に老婆があらわれ、赤帝の子が白帝の子を斬ったと告げたという故事に由来し、漢は、赤徳すなわち火徳の王朝とみなされたのである。なお「大蛇」「白帝」は秦のことをあらわしている。この考えからいけば、新は火徳を継ぐ土徳の王朝であり、公孫述の成家は土徳を継ぐ金徳の王朝ということになるのである。

また、涼州に割拠して事態を静観していた竇融が、二八～二九年頃、隗囂の誘いを受け、隗囂・公孫述の側につくべきか、それとも劉秀に帰順すべきか、内部で検討したことがあった。この時、陣営のなかの智者の意見をいれて最終的に竇融は劉秀への帰順を決定するのであるが、そのさいの智者の議論のなかでも、緯書のなかに劉秀の姓名が見えることが重要な論拠とされているのであった。

いずれにしても讖緯思想が席巻した両漢交替期にあって、劉秀も讖緯思想に翻弄されつつ、それを上手に活用しながら自らの権力基盤を確立していったとみるのが妥当な判断であろう。

統一後の劉秀と讖緯思想

劉秀の讖緯思想への、なかでも緯書への傾倒は生涯続いた。例えば、四一（建武十七）年二月の晦日《かいじつ》に日蝕が起こった時、これを天譴《てんけん》▲とみた劉秀は、それへの対応として、本来の執務場所である正殿から離れた吹きさらしの場所でひたすら緯書を読み、その結果病気になったとも伝えられているほどである。

▼天譴　本来日蝕は朔日に起きるはずであるから、晦日の日蝕は、天の怒りを示すものと受け止められていた。

▼**郎官**　官吏として登用された人物が最初に担当する職務。今日でいうキャリア官僚のスタート地点につくことを意味した。

一方、両漢交替期のこうした緯書の記述や讖緯思想の「奇怪」さを指摘する同時代の学者がいなかったわけではない。その代表的人物として桓譚《かんたん》をあげることができる。桓譚は、前漢の成帝の治世に郎官▲に任ぜられた人物であり、博《ひろ》く儒学の経典につうじていた。また、劉歆《りゅうきん》や楊雄《ようゆう》といった前漢末から王莽期にかけて活躍した学者から教えを受け、新や劉玄政権にも出仕していた。

劉秀の即位後、桓譚も徴召を受けて出仕する。ある時、桓譚は、劉秀が讖緯思想に傾倒していることを次のように批判する文書を提出する。

そもそも人の情においては、現実の事実をゆるがせにして異聞を尊びますが、先王の記述したもの(経書)を見れば、みな仁義正道をもととし、(緯書に記されているような)奇怪虚妄のことはありません。私が考えますに、天道や性命のことは、聖人ですら語りがたいものであったのです。(孔子の高弟であった)子貢より以来、これを聞いたものはなく、まして後世の浅儒がつうじることができるでしょうか。いま、様々なずる賢く小才な者たちが、讖緯や符命に関する書物を偽造して讖記と偽称し、おろかな者たちを惑わせ、人主を誤らせております。

（『後漢書』桓譚伝）

この文書は劉秀を不快にさせただけで済んだが、桓譚はのちに劉秀から決定的な怒りをかうことになる。それは、霊台▲の建設をめぐって劉秀が「私は讖記に従って決めようと考えるが、どう思うか」と問われたさいに、「私は、讖記を読みません」と答え、桓譚はそれにとどまらず、讖文が経《けい》（聖賢の述作）ではないとも極言したためであった。劉秀は怒りのあまり「桓譚は、聖なる讖記を非としており、これは法を無視する行為にほかならない。廷尉《ていい》に引き渡して、斬首せよ」と命じたという。桓譚は流血するほど頭を地面に叩きつけて必死に謝罪したため処罰はまぬがれたものの、洛陽を遠く離れた六安《りくあん》の郡丞《ぐんじょう》▲として左遷されることとなった。桓譚は、六安に赴任する途次、病をえて死去したという。

この桓譚に対する処置からも分かるように、劉秀の讖緯に対する傾倒は相当のものであった。ただこれは劉秀の個人的な性癖というよりは、彼の生きた両漢交替期が、讖緯を重んじる時代であったというほかはない。先にも述べたように、桓譚も「多くのずる賢く小才な者たちが、讖緯や符命に関する書物を偽

▼霊台　皇帝の祭祀の対象である三雍（辟雍・明堂・霊台）の一つ。霊台では、天子による陰陽や律暦の調和がおこなわれるとされる。

▼郡丞　郡太守の副官。桓譚はすでに齢七〇を超え議郎の地位にあったことを考えれば、厳しい措置であったといえるだろう。

造して讖記と偽称し」と語っているように、ある程度は「讖緯や符命に関する書物」の実在は、讖緯思想を重視することに否定的な立場の論者にも受け入れられていたようである。今日的な理解からみれば、漢王朝を再興した「英明」な劉秀が、王莽も妄信した符命・讖緯の類に耽溺していたという事実はいささか奇異に映るわけであるが、劉秀もまた時代の趨勢とは無縁ではなかったのである。

封禅・儀礼の整備・「図讖の宣布」

劉秀は、その治世の三二年目にあたる五六（建武三十二）年、封禅▲を挙行する。封禅挙行に先立つ五四年二月、群臣は皇帝即位三〇年を期して封禅の挙行を提案したが、この時点では劉秀は同意しなかった。しかし、五六年の正月、緯書の一つ『河図会昌符《かとかいしょうふ》』を読んだ劉秀は、そのなかの「赤劉之九《せきりゅうのきゅう》は、天命と泰山で出会う。慎んでよく用いなければ、どうして天命の子孫への継承に益をもたらすだろうか。まことによくこれを用いれば姦偽《かんぎ》が萌すことはないであろう」という一節に感じるところがあった。「赤劉之九」とは、赤徳（＝火徳）の

▼封禅　封禅とは、大いなる業績をあげた天子のみに許される、泰山で挙行される儀式であり、『史記』封禅書によれば、周の成王や春秋・斉の桓公もおこなったとされる。ただ、この劉秀の時代までの時点で歴史的事実として考えられるのは、秦の始皇帝と前漢の武帝によるものである。

劉氏の九代目の子孫を意味する。泰山での封禅の儀をおこなうことで、劉氏が受けた天命が万全のものとなるというこの記述が劉秀の心を動かした。さらに劉秀は、梁松《りょうしょう》らに命じて、劉氏の九代目の子孫が封禅を挙行すべき根拠となる讖記を探させ、三十六件見出させている。

前漢武帝の封禅以来、一六六年ぶりの封禅はどのようにおこなわれたのであろうか。武帝期の故事を踏まえて準備は入念に進められ、劉秀らは正月二十八日に洛陽を出発する。二月十二日には泰山郡の郡治(郡の役所)のある奉高県に到着し、泰山への道路の整備など、現地での準備を本格化させた。そうして二月二十二日の早朝から儀式は始まった。

まず、早朝、泰山の麓において天を祀る儀式がおこなわれた。その後、劉秀以下、半日をかけて泰山の山頂に登り、衣服を整えたのち、夕方の早い時間帯から封禅の「封」の儀式がおこなわれる。それは、山頂に設けられた土壇に登った劉秀が、上天に報告する祝文を刻んだ玉牒《ぎょくちょう》を自ら封納し、劉秀は再拝して、群臣は万歳を唱えるというものであった。儀式が終わると下山したが、参列した多くの役人たちが押しあいへしあいしながら夜通しかけての下山は苛酷なも

▼**后土**　土地の神。

▼**板野長八**（一九〇五〜九三）　東洋史学出身の中国思想史研究者。中国の古代思想と政治や社会との結びつきを意識して研究を進めた。

のであった。下山後、二十五日には、梁父《りょうほ》にて「禅」の儀式をおこなっている。それは、地の神を祀る儀式であった。

封禅を終えた劉秀は四月に洛陽に帰還し、年号を「建武中元」と改める。また、この年には、洛陽に、明堂《めいどう》・霊台《れいだい》・辟雍《へきよう》を建設し、翌年の正月には、洛陽の北郊に后土《こうど》▲を祀る方丘の造営もおこなっている。前述した渡辺信一郎の「古典国制」論によれば、それを成り立たせるべき要素の大半が、この時点までに再定位されたということになる。

あわせて、この五六（建武中元元）年に、「図讖が天下に宣布」されたと、『後漢書』光武帝紀に記載されていることにも触れておかなければなるまい。かつて板野長八▲は、劉秀の半生と讖緯思想との関わりを「漢の第九代を以て任ずる光武が、経としての、経なるものとしての、孔子にかかわるものとしての讖、すなわち図讖によって、命が己にあることを自負して兵を挙げ、図讖に依拠して帝位につき、図讖に基づいて政務を執り、図讖に従って天下統一の業の成就を天に報告する封禅を行い、天と同様の超人間的・呪術的権威者となり、さらに図讖を天下に宣布した」（『儒教成立史の研究』第九章「図讖と儒教の成立」）と総括し、図讖の教義の影響下に皇帝や国家がおかれることになったこの劉秀の治世にこそ、国教としての儒教の成立を見出すべきであるとした。いわゆる「儒教国教化」をめぐる日本の学界での議論は多岐にわたり、これ以上詳細に紹介することはできないが、劉秀の治世は、ここで述べた讖緯思想をも含め、儒教史の展開のうえでも大きな画期と位置づけられそうである。

▼和帝（在位八八〜一〇五）　後漢の第四代皇帝。一〇歳で即位し、当初は外戚・竇氏の専権下にあったが、九二年に竇氏を排斥し、以後は親政をおこなった。

▼竇憲（?〜九二）　後漢建国の功臣の一人竇融の曾孫。妹が第三代皇帝章帝の皇后となり外戚として勢威をふるった。政敵の暗殺が発覚して処罰されそうになったため、自ら北匈奴の征討を担い、車騎将軍として功績をあげた。のち、和帝殺害を計画するも、その秘密がもれ、自殺に追いこまれた。

▼北匈奴　南北に分裂したのち、八七年頃から鮮卑や南匈奴の攻撃、飢饉に苦しみ、八九年からは竇憲の攻撃を受ける。九一年にオルホン川西の根拠地を捨ててイリ地方に移住、その後半世紀ほどの間、後漢とタリム盆地諸国に対する支配を争ったが、二世紀半ば以降、キルギスの草原地帯に移動して、中国の史籍には登場

⑤—劉秀の時代の対外関係

西域と後漢

西域への勢力拡大は、前漢・後漢の歴史を語るうえで重要な論点の一つであり、前漢武帝の西域への領土拡大はよく知られている。後漢では、劉秀の曾孫・和帝《わてい》▲の時に竇憲《とうけん》▲の活躍によって北匈奴《きたきょうど》▲を衰滅させその勢威を西域に広げたり、班超《はんちょう》▲が西域都護として活躍し、その部下の甘英《かんえい》▲を大秦国へと派遣するなど、二世紀の前半、順帝▲の治世までは、後漢の西域への影響力は強かった。しかし、劉秀の時代は、匈奴との関係のあり方に神経を使う時期であった。

その要因は、王莽の対匈奴政策にあった。前漢の西域への勢威は、武帝期の匈奴との戦いをへて、宣帝期に頂点に達した。当時、匈奴は内部抗争によって弱体化していたが、その一方の勢力を率いていた呼韓邪単于《こかんやぜんう》▲は漢への投降を決意し、前五一（甘露三）年正月に自ら長安に赴いて漢への臣従を誓ったのである。このとき宣帝は、呼韓邪単于を、諸侯王の上位に位置づけ、皇帝への拝謁のさいには臣とは称するものの名をいわなくともよいとした（称臣不名）▲。しかし、

皇帝となった王莽は、匈奴に与える印綬の印文を、漢の時の「匈奴単于璽《じ》」から、「新匈奴単于章」と改め、新の臣下であることを明示してしまった。漢の時の優遇が撤廃されたことに怒った匈奴との関係は、以後悪化することとなったのである。

　そのため、後漢の建国期の匈奴は、劉秀から離反して漁陽郡で独自の勢力を構築した彭寵《ほっちょう》につうじたり、前漢武帝の曾孫を僭称した盧芳《ろほう》の行動を援助して漢の皇帝を名乗らせ五原・朔方・雲中・定襄・鴈門を占拠させるなど、後漢とは友好な関係にはなかった。しかし、その後、匈奴が内部分裂するにいたって状況が変化する。それは、匈奴の南辺や烏桓《うがん》を支配下においていた日逐王比《にっちくおうひ》が、自分が単于になれないことを不満に思い、四七(建武二十三)年、離反して後漢につうじ、翌年、比の祖父である呼韓邪単于の名を名乗って来降したことである。これにより匈奴は南北に分裂し、日逐王は南匈奴の単于となって漢の庇護のもと北匈奴と対立することとなるのである。

　その後、劉秀の治世にあっては、南北に分裂した匈奴をうまく懐柔して北辺の情勢を安定したものにしていったのである。

しなくなる。四世紀にヨーロッパでゲルマン諸族の移動を惹起したフン族とは、この北匈奴の後進である。

▼班超(三二～一〇二)　後漢の初期、西域経営にあたった。『漢書』の撰者である班固の弟。西域遠征の途次、鄯善に外交に赴き、北匈奴の使者と鉢合わせして窮地に陥った時の、「虎穴に入らずんば虎児を得ず」の言はよく知られている。

▼甘英　生没年不詳。班超の部下で、班超の命を受けて九七(永元九)年、大秦に赴いたが、途中、条支国で断念して帰国したことで知られる。甘英がめざした大秦国については、ローマ本土のほか、さまざまな説がある。

▼順帝(在位一二五～一四四)　後漢第八代皇帝。外戚梁氏を用い、羌《きょう》や鮮卑の侵略が日常化するなど、その治世には後漢衰退の萌芽がみられる。しかし順帝自身は賢明な人物で、郷

徴則・徴弐姉妹の反乱

劉秀の時代の対外勢力で、後漢をもっとも手こずらせたのは、四〇(建武十六)年に現在のベトナムの地で起こった徴則《チュンチャク》・徴弐《チュンニ》姉妹▲の反乱であろう。現在のベトナム地方は、前漢・武帝の時に漢の直接支配下にはいり、交趾・九真《きゅうしん》・日南《じつなん》等の郡がおかれた。両漢交替期には、それぞれの郡太守が当該地域を政治的に掌握して事実上独立していた時期もあったが、二章で述べたように、劉秀の勢威が江南に及ぶようになった二九年以降は後漢の直轄支配下となっていた。

この姉妹の反乱は急激な拡大をみせ、九真・日南・合浦《ごうほ》の人々も加わって大規模化し、徴則を王とする独立政権を結成するにいたった。ベトナム史の文脈に即せば、姉妹はベトナム初の独立国の建設者であり、今日でも民族的英雄とされている。しかし、後漢としては、この事態は容認できない。反乱発生の翌年、馬援《ばえん》▲を伏波《ふくは》将軍に任じ、討伐軍を派遣する。討伐軍の戦闘は後漢に有利に進んだが、徴姉妹らは、その本拠麊冷《びれい》の陥落後も禁谿《きんけい》(ハノイの西方)にのがれてさらに一年間抵抗を続けた。徴姉妹が完全に敗北して、後漢の遠征軍に斬首されるにいたったのはその翌四三年正月のことであった。こうして徴姉妹を平

挙里選によって登用された儒家官僚の宦官への批判を受け入れたり、地方政治の監察のための特使八人を派遣するなどの施策もとっている。

▼呼韓邪単于(在位前五八～前三一) 父の死後、内部分裂した匈奴の一方の勢力に推されるかたちで呼韓邪単于と称して独立する。兄の郅支《しっし》単于と匈奴を東西に二分したが、漢に援助を求めて長安に赴いた。

▼称臣不名 臣たるものは皇帝に対して姓を称せずに名のみをいって臣某と自称することとされていたのであるから、呼韓邪単于に与えられた待遇は、かなりの優遇であった。

▼徴側・徴弐姉妹 交趾郡の麊冷県(ハノイ西北約二〇キロの地)出身で、二人の父は雒将《らくしょう》と呼ばれる地元の有力者であった。すでに他氏に嫁していた徴則が、はなはだ勇猛であるという理由で、ときの交趾太守が法によって捕縛しようとしたことが反乱の契機になったとされているが、詳

細な事情は必ずしも明らかではない。ただ、徴則・徴弐姉妹が女性であり、姉妹の父が地域の有力者であったことから考えると、現地で歴史的に形成されてきた土豪の女性の社会的地位やその行動と、後漢の朝廷から派遣されてきた郡太守の施政方針との間に何らかの対立が生じて、現地有力者の反乱が起きたことが想定される。

▼**馬援**(前一四〜後四九)　当初隗囂の配下にあったが、劉秀のもとに帰順する。徴側・徴弐姉妹の反乱征討にあたっては、遠路をものともしない行軍ではあったが、途中で楼船将軍の段志が病死するなど困難がともない、交趾郡に到達して徴姉妹らの反乱軍と交戦するにいたったのは、派遣された翌四二年のことになるなど苦戦を強いられた。また、反乱征討後、馬援の軍勢が洛陽に凱旋したのは、四四年のことであったが、征討に従事させられた兵士のおよそ四〜五割は、遠征の途上、南方の風土

定するだけでも足掛け四年かかったわけであるが、九真郡を中心に、現地の抵抗はなおも継続した。馬援は、さらに大軍を率いて九真郡に遠征し、五〇〇〇人あまりを斬首あるいは捕虜にしたという。こうしてようやく反乱は平定された。なお、征討の途中、馬援は、現地において行政区域の改革や農業生産の振興に資する政策を進めたほか、現地の慣習法と後漢の法令との間で相互矛盾するもののうち、その一〇あまりのものについては、旧来の現地の慣習法を尊重することを約束する。これは妥協ではあるが、僻遠の地において、郡県制にもとづく施策をそのまま直裁に適用することの困難さを浮かび上がらせている。

烏桓・鮮卑・高句麗

劉秀治世下における、後漢の領域の東北方面の動向もみておこう。劉秀が中国の再統一をはたした頃、その東北境域外にいた諸族として、烏桓・鮮卑《せんぴ》▲・高《こう》句麗《くり》▲などがいた。

烏桓・鮮卑は、王莽の時期以降、匈奴とともに中国の北辺を攻撃・略奪するなどしていたため、四五(建武二十一)年、前年に徴姉妹の反乱を平定して帰還

病に死没したといわれている。後漢の側もこの反乱の制圧には、多大な犠牲を払わせられたのである。

▼鮮卑　前三世紀頃から活動が確認できる遊牧民族。後漢の頃から、その領内に侵入するようになり、四世紀以降は、五胡の一つとして華北に政権を樹立。華北の分裂を統一した北魏は、その拓跋部《たくばつぶ》のつくった王朝である。

▼高句麗　ツングース系の貊族が、中国の東北地方南部から朝鮮半島北部にかけて建てた国。四～六世紀に全盛期をむかえ、七世紀には隋や唐の攻撃を撃退することもあったが、最終的には唐と新羅の連合軍に滅ぼされた。

したばかりの馬援に烏桓を、遼東太守の祭肜《さいゆう》に鮮卑をそれぞれ討伐させ、馬援は失敗したものの、祭肜は一定の成果をあげた。その後、匈奴の日逐王の後漢への帰順により、鮮卑はもとより馬援を撃退した烏桓も匈奴から離れて後漢に服属することとなった。劉秀は班彪の献策を受けて、前漢時代に設置されていた烏桓校尉を復活させて北辺の統治にあたらせたため、その後、劉秀の孫の章帝の時代まで、この地で紛争が起こることはなかった。

鮮卑の東方、現在の遼寧省方面には高句麗があった。高句麗は、前漢時代末期には、漢から高句麗王に封じられていたと考えられるが、王莽の時に、匈奴攻撃への出兵を命じられたことを機に新から離反し、新の東北辺境への侵略をかさねた。そのため王莽の派遣した厳尤《げんゆう》という武将の攻撃を受け、王が殺害され、斬られた首を長安に送られるという事態に立ちいたった。王莽はこの時、彼らしく、高句麗の名称を「下句麗」と改めたという。ただ、建武八(三二)年に後漢に朝貢をおこなって、劉秀からふたたび高句麗王に封じられてからは、他の諸族と同様に後漢に服属し、一世紀の間は、後漢の領域に侵攻することはなかった。

朝鮮半島と後漢

よく知られているように、朝鮮半島北部は、前漢武帝の時に、楽浪・玄菟・真番・臨屯の四郡がおかれ、漢の直接支配下にはいった。しかし、その支配は次第に後退し、後漢にはいる頃には、楽浪郡のみとなってしまっていた。その楽浪郡は、両漢交替期の混乱のなか、地元の王調《おうちょう》という人物が、劉玄政権が任じたと思われる郡太守・劉憲を殺害して楽浪太守を自称していた。三〇(建武六)年、後漢が正式に任命した楽浪太守王遵《おうじゅん》が軍勢を引き連れて楽浪に向かうや、これも地元の有力者であった王閎《おうこう》なる人物が王調を殺害して王遵を迎え入れ、楽浪郡もふたたび中国王朝の治下にはいることとなる。朝鮮半島の南部は、この頃、馬韓《ばかん》・辰韓《しんかん》・弁韓《べんかん》(弁辰)のいわゆる三韓に分かれていた。馬韓は五四国、辰韓と弁韓にはそれぞれ一二国があったと伝えられ、群小の聚落国家が散在していた状態であった。四四年に、廉斯《れんし》▲の蘇馬諟《そばし》なる人物が楽浪を訪問して貢献をおこなったという記録がある。劉秀は、彼に邑君《ゆうくん》という称号を与え楽浪郡に服属させたという。楽浪郡は、朝鮮半島南部、そして海を渡った倭国――日本列島――などとの交渉の窓口となっていたのであった。

一世紀前半の東アジア

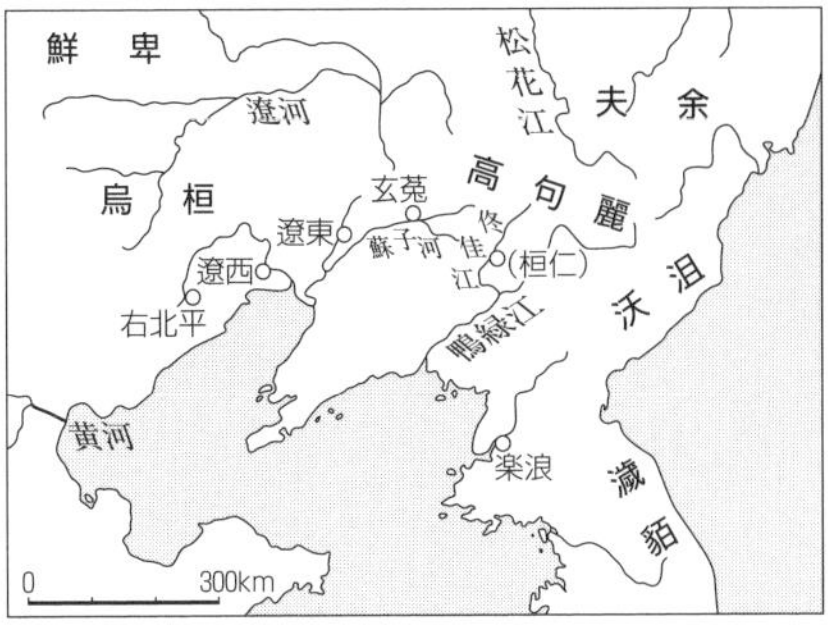

〔出典〕西嶋定生『中国の歴史2 秦漢帝国』講談社、一九七四年

▼**廉斯**　三韓のいずれかに属する村落(邑)の名称。

後漢と倭国

五七(建武中元二)年正月、倭の奴国王の使者が後漢に朝貢し、劉秀は、その使者を介して奴国王に金印と綬を与えるという出来事があった。この時劉秀が与えたとされる金印は、江戸時代の天明四(一七八四)年に、現在の福岡市東区にある志賀島南岸の叶崎《かなのさき》で甚兵衛という農民によって発見され、現在、福岡市立博物館に所蔵されている「漢委奴国王」印であることは間違いないであろう。発見の経緯から、偽印説も存在しているが、金印の寸法が一辺二・三センチで当時の一寸に正確に符合するなど、今日では、この金印が後漢王朝の工房で製作された真印であることは多くの研究者からも支持されている。

現在、残されている史料からうかがえる限り、日本列島から中国へ渡航した人物と最初に出会った中国皇帝は劉秀であることは確かである。劉秀からこの金印と綬、それからおそらくその主君を奴国王に任ずるとする冊書を受け取った奴国からの使者がどのような気持ちであったのかは、今や知る術はない。奴国は、この時点で、福岡平野を基盤とする北部九州の有力な国であった。奴国をはじめとする他の北部九州の国々が、この奴国の後漢への使者派遣に先立って、何らかのかたちで朝鮮半島の国々や場合によっては楽浪郡とも交流をもっていたであろうことは、同時期の古墳から出土する副葬品からある程度推測できるようである。奴国の指導者は、後漢王朝の隆盛ぶりについての何らかの情報を入手し、周辺の諸国に対し優越的な地位に立つために、後漢への使者派遣を決意したのであろう。なお、奴国の使者派遣から五〇年後には、倭国王帥《すい》升《しょう》等の使者が生口(奴隷)一五〇人を貢物として、安帝治下の後漢に朝貢してきた。この時点で、北部九州を中心とする地域に、「倭国」と呼びうる政治的統合体が形成されたのではないかとする見解もあるが、いずれにしても、日本列島での国家形成と文明社会への展開過程には、こうした中国王朝の権威とその文明の影響がかかわるところがじつに大きかったことはまちがいないようである。

⑥—劉秀という人物をどう考えるか

劉秀の人物像

奴国の使者と謁見してまもなく、五七(建武中元二)年二月五日、洛陽南宮の前殿において、劉秀は死去した。享年は六十三。死にあたって、自らの葬儀は前漢の文帝にならって質素を旨とすることを命じ、地方の統治にあたる刺史や郡太守が任地を離れて直接弔問することや、使者を派遣したり、公的な文書送達の仕組みを用いて弔意を示すことを禁じた。いかにも劉秀らしい指示ではないだろうか。即日、皇太子であった第四子の荘が即位する。翌三月に、劉秀は、洛陽近郊の臨平亭《りんぺいてい》の東南に築かれた原陵《げんりょう》(現在の河南省孟津県白鶴鎮鉄謝村に位置)に埋葬され、また、担当する役人の奏上によって、「世祖」の廟号を奉られた。この廟号には、漢王朝の中興者としての評価が反映されている。

『後漢書』の撰者・范曄は、劉秀が、隗囂・公孫述を平定して以降、戦争を嫌い、よほどの緊急事態でないかぎり軍事遠征をおこなおうとはしなかったことや、毎日、朝廷に出て熱心に政務を執り、その健康を心配した皇太子に対して「自分は、政務を執ることが楽しみなのだから疲れたりしないのだ」と答えたことなどに言及しながら、大業を成しとげながら謙遜した姿勢で政務に従事し、乱世を平定して戦乱をおさめたことを高く評価している。

本書冒頭に述べたように、後漢王朝を讃美する立場で書かれた『東観漢記』などに基づいて編纂された『後漢書』の評であるから、高い評価になるのは当然であろうが、今日的観点からも、隗囂・公孫述政権を平定したのちは、国内や周辺地域での反乱へのやむをえない対処は別として、強いて外征をしなかったことは事実である。月並みな言い方になるが、およそ二〇〇年続く後漢王朝の基礎を固めた功績は、たしかに大きいといえるだろう。

一方で、寡婦となった姉・湖陽公主の願いを聞き届けようと、姉が好意を寄せる大司空の地位にあった宋弘《そうこう》を呼び出し、彼に対してそれとなくその地位にふさわしい高貴な女性との結婚を薦めたところ、宋弘に断られてしまって、屏風のうしろに控えていた姉に「うまくいかなかったよ」と語った挿話など、劉秀の人柄をしのばせる話も伝えられる。宋弘の挿話は、「糟糠の妻」▲の語原であって、本来、宋弘の誠実な人柄をあらわすものと解すべきであろうが、皇帝

▼**「糟糠の妻」**　貧乏な時から連れ添って苦労をともにしてきた妻のことを指す言葉。

▼**執金吾**　中央近辺で召集された材官・騎士の軍士からなる北軍を統率して、都の巡察・警備を司った官職。

の地位をかさに着て、姉のために無理強いしなかったという点では、劉秀の人の良さのようなものも伝わってこないであろうか。若い頃の劉秀が長安に遊学中、執金吾の行列を見て「仕官したら執金吾▲になりたいものだし、妻を娶《めと》るのであれば陰麗華を妻としたい」と語ったという挿話もよく知られているが、紆余曲折をへつつも、最終的に皇后に立后されたのは陰麗華であった。青年期に故郷で見初めた美しい女性を思いのとおり妻とし、即位当初は政治的事情から皇后にできなかったものの、政治的障壁が取り除かれるや、最初の皇后・郭氏を廃して陰麗華を皇后にするといった振る舞いは、一定の政治的思惑があったにせよ、劉秀の「純情さ」のようなものも感じられなくはない。

劉秀には、この宋弘や陰麗華の例にみられるような、王朝の創業者らしからぬ好人物さが認められるように思われる。それはまた、歴史上の人物としての劉秀の魅力を高めていることにつながっているだろう。

政治家としての劉秀

しかしながら、劉秀は、後漢の初代皇帝として三〇年以上皇帝の位にあった人物である。本書で述べてきたように、両漢交替期の政治的混乱を軍事的に収拾して中国を再統一し、再興した漢の支配を揺るぎないものにするためのさまざまな政策を実現に移した。それは、ある程度は実効性をもって、戦乱に疲弊した当時の中国に安定をもたらしたと評価できるだろう。その意味では、劉秀もやはり、中国史上に燦然と名を輝かす優れた政治力を有する王朝の創始者であったというべきであろう。

また、本書四章（六六頁）で述べたように、讖緯思想の影響力から逃れることができず、それらを逆に積極的に活用して自らの政治的正統性を高めようとした点では、劉秀も「時代の子」であったというべきであろうか。進展する「儒教国教化」研究の成果に学ぶかぎりにおいては、構築しようとした国制と儒教のあり方の関係性や、その讖緯思想への傾倒ぶりなどからは、劉秀は事実上王莽の後継者でもあった。また、二章（二五頁）で述べたように、劉秀は、劉玄政権に叛旗を翻して河北で自立し、赤眉の攻撃を受ける劉玄らをいわば「見殺し」にしたように見受けられる行動もとっている。時代の風潮をたくみに自家薬籠中のものとして自らの権威形成に役立て、政治的基盤の確立のためには、たしかに兄の仇であるから当然かもしれないが、同族のかつての主君を見殺しにするなど、やはり劉秀は冷徹な政治家でもあった。

劉秀と奴国の朝貢

近年、小島毅は、五章（八八頁）で紹介した奴国の後漢への使者派遣について興味深い指摘をおこなっている。それは、倭国の使者が洛陽に到着した五七（建武中元二）年の正月に、前年に建設されたばかりの北郊《ほっこう》において、土地の神である后土神を祀る祭祀がおこなわれたこととかかわる。小島によれば、この北郊の祭祀と、はるばる海を渡ってやってきた奴国の使者からの朝貢と、この二つの事象は、劉秀の統治が地上に遍《あまね》く及んだことを祭祀と外交の両面から誇示する意味合いをもっていたことになるという。

したがって、奴国の使者の派遣は、北部九州の有力国が自らの政治的権威の上昇をねらって後漢から冊封を受けようとした奴国主体の行動ではなく、むしろ楽浪郡の現地の官人たちが、北郊完成の慶事に合わせるように劉秀に「忖度」して奴国に朝貢を促したものと理解したほうがよいと小島は指摘する。仮に小島のいうように、この朝貢が、楽浪郡の現地官人の点数稼ぎのために仕掛けられたものであったとして、劉秀がそれに気づかないままに奴国の朝貢を喜び、その使者にかの金印を授けたのであるとすると、そこには自らの政治的成功にただ酔い痴《し》れる死期を間近にした老皇帝の姿も彷彿とされてこよう。ただそのことに気づいていようがいまいが、たくみな政治力で漢王朝の復興を成しとげ、二〇〇年近く続く後漢王朝の基礎を確立した英主・劉秀が、遠く倭国から来貢した使者を目の前に、どのような感慨をいだいたのか、気になるところではある。

劉秀死後の後漢

劉秀の死後、その子・明帝、孫・章帝の三代の時期こそ、後漢の治世は安定していたといわれる。その後、章帝が早世し、和帝が皇帝になって以降、皇帝の夭折、年少の皇帝の即位、外戚と宦官の政治的抗争が続いた。それにともなって後漢は衰え、二世紀にはいって以降は各地で頻発する反乱へもしだいに対処しきれなくなり、やがては三国時代の分裂状況へと道が開かれていく。従来から説かれる後漢史の大要はこうしたものであり、たしかに大勢としては、そうした流れが存在したことは否定できない。

一方で、二世紀中頃から中国では気候が寒冷化に向かったといわれる。二世紀にはいって活発となる北方の鮮卑等の中国への侵略や、二世紀中頃以降農民反乱が長江中域でも頻発するといった状況が引き起こされたことは、それと無関係ではないだろう。にもかかわらず、後漢は、およそ二〇〇年継続する。かりに一八四(中平元)年に勃発した黄巾の乱▲で事実上命脈がつきたと考えても一五〇年以上は継続したことになるのである。

その決して短くはない王朝の基礎を固めたのが劉秀であり、本書で紹介した劉秀のとったさまざまな政策、なかでも地方統治や対豪族層への対応が王朝の基盤を確かなものにしたことは容易に想像できるところである。范曄の『後漢書』などが描く、「非の打ちどころのない」「人間性も優れた」英邁な皇帝像をそのまま受け入れることはできないまでも、「漢の復興」の文脈のなかで両漢交替期の政治的混乱を収拾して当時の中国社会に一定の平安をもたらした指導者であったという意味では、その歴史的存在価値は揺るぎないものであるということができるだろう。

▼**黄巾の乱**　当時流行した太平道の信徒集団が起こした農民反乱。主導者の張角が死去するなどし、黄巾の主力自体は早く衰えたが、その余波は各地に及んだ。衰勢にあった後漢を事実上解体に導いた反乱であり、この乱の平定の過程で頭角をあらわした群雄たちが各地に割拠する『三国志』の時代へと道が開かれたことになる。

光武帝とその時代

西暦	年号	年齢	おもな事項
前45	初元4		舂陵侯劉仁，封地の変更を願い出て，南陽郡の白水郷に徙封され，白水を舂陵に改名
前33	竟寧元		*5*- 前漢元帝死去。成帝即位。王鳳，大司馬大将軍領尚書事に。王氏の専権開始
前16	永始元		*5*- 王莽，新都侯に封じられる
前8	綏和元		*11*- 王莽，大司馬となる
前7	2		*3*- 成帝，急逝。哀帝，即位。王莽，大司馬を辞任
前6	建平元	1	*12*- 光武帝（劉秀），父・劉欽の任地である陳留郡済陽県で生まれる
前5	2	2	王莽，新都に退隠
前2	元寿元	5	*1*- 王莽，中央政界に復帰
前1	2	6	*6*- 哀帝，急逝。寵臣・董賢失脚。王莽，大司馬に復帰（翌，紀元1年，王莽は安漢公に），平帝を擁立
3	元始3	9	劉欽，病死。劉秀は，兄・劉縯とともに，叔父・劉良の庇護下に
5	5	11	*12*- 平帝病死，王莽「仮皇帝」に就任
6	居摂元	12	*1*- 居摂と改元。*3*- 宣帝の玄孫・劉嬰を皇太子とし，「孺子」と号す
8	始初元	14	*11*- 王莽，「始初」と改元し，皇帝即位の準備を本格化
9	始建国元	15	王莽，皇帝に即位，国号を「新」と改め，「始建国」と改元し，8年の12月朔日を正月朔日と改暦
14	天鳳元	20	この頃，劉秀，長安に遊学し，『尚書』を学ぶ（21年頃までか）
17	4	23	琅邪郡で呂母の乱，起こる
18	5	24	琅邪郡で樊崇ら反乱を起こし（赤眉の乱），各地を流寇する
20	地皇元	26	南陽郡の南方・江夏郡で，緑林の兵，起こる
22	3	28	劉秀，避難先の宛において，李通兄弟の勧めを受け，起兵を決意。*10*- 舂陵劉氏一族，劉縯の指揮のもと起兵する
23	更始元	29	*2*- 劉玄，皇帝に即位。*6*- 昆陽で王莽軍に大勝。劉縯，被殺。*9*- 長安陥落，王莽，被殺。*10*- 劉秀、河北征討へ行軍開始、各地を平定。*12*- 邯鄲で王郎，皇帝を名乗って自立。劉秀は一転窮地に陥る
24	2	30	劉秀，態勢を立て直し，劉揚と連合。*5*- 邯鄲落城，王郎は被殺。劉秀，劉玄からの離反を決意。銅馬・高湖・重連などの農民反乱集団を服属
25	建武元	31	農民反乱集団，尤来・大槍・五幡を撃破。*4*- 成都で公孫述，皇帝に即位。*6*- 劉秀，常山郡鄗県にて皇帝に即位，建武と建元。*9*- 赤眉，長安に入城。*11*- 睢陽で，劉永，皇帝に即位。*12*- 劉玄，赤眉によって被殺。この年，竇憲，河西地方で自立，隗囂も天水で自立
26	2	32	*1*- 劉揚を殺害。*2*- 彭寵が劉秀より離反。*3*- 劉玄の遺臣の影響下にあった南陽への征討開始。長安周辺は依然混乱
27	3	33	閏 *1*- 赤眉，劉秀に降服。*3*- 琅邪の張歩，劉永と連合。馮異の活躍によって，長安周辺をほぼ平定。劉永，被殺。隗囂，劉秀

			に通交
28	4	34	延岑，公孫述の配下となる。南方の秦豊らの征討継続
29	5	36	***2***- 彭寵，奴婢に殺害され，漁陽方面平定。***10***- 劉永の残存集団・張歩など山東方面を平定。***12***- 交阯地区の郡太守，帰順
30	6	36	***2***- 山東方面の残存勢力を完全に平定。***5***- 隗囂，劉秀から離反し，公孫述の配下に。***11***- 奴婢解放令を出す
32	8	38	***12***- 高句麗が朝貢，王号を復す
33	9	39	***1***- 隗囂，病死
34	10	40	***10***- 隗囂の子・隗純，降服。隴西地方，平定
36	12	42	***11***- 成都，陥落。公孫述は戦死し，四川地方も平定
37	13	43	***4***- 成都から，呉漢，凱旋。***12***- 公孫述のもとで奴婢になっていた者を解放
39	15	45	耕作地の面積と戸籍・人口の調査を実施
40	16	46	***2***- 徴姉妹の乱，発生，各地で反乱頻発するも，平定
41	17	47	***10***- 郭皇后を廃し，陰麗華を立后
42	18	48	州牧の呼称を州刺史に，官秩も六百石にもどす
43	19	49	***4***- 徴姉妹の乱，平定。***6***- 皇太子彊（郭后の子）を廃し，荘（のちの明帝）を皇太子に
44	20	50	韓の廉斯の蘇馬諟，楽浪郡に通交。***9***- 徴姉妹の乱を平定した馬援，凱旋
48	24	54	匈奴，南北に分裂，***10***- 南匈奴の日逐王，後漢に来降
56	建武中元元	62	***2***- 泰山で封禅を挙行。***4***- 建武中元に改元。明堂・霊台・辟雍を建設。図讖を天下に宣布
57	2	63	***1***- 北郊の祭祀をおこなう。倭の奴国の使者が来貢，金印を授ける。***2***- 死去。光武皇帝の諡号・世宗の廟号を送られ，洛陽近郊の原陵に葬られる

参考文献

飯田祥子『漢新時代の地域統治と政権交替』汲古書院，2022年
板野長八『儒教成立史の研究』岩波書店，1995年
植松慎悟「後漢時代における刺史の「行政官化」再考」『九州大学東洋史論集』36，2008年
植松慎悟「光武帝期の官制改革とその影響」『九州大学東洋史論集』39，2011年
植松慎悟「漢代における州牧と刺史に対する認識をめぐって」『九州大学東洋史論集』41，2013年
宇都宮清吉『漢代社会経済史研究』弘文堂，1955年（1967年補訂版）
鎌田重雄『秦漢政治制度の研究』日本学術振興会，1962年
紙屋正和『漢時代における郡県制の展開』朋友書店，2009年
木村正雄『中国古代帝国の形成』新訂版、比較文化研究所，2003年
木村正雄『中国古代農民反乱の研究』東京大学出版会，1979年
小嶋茂稔「建武度田政策始末攷——後漢の建国期における国家と社会」（上・下）『山形大学紀要（社会科学）』33-1～2，2002～2003年
小嶋茂稔『漢代国家統治の構造と展開』汲古書院，2009年
小島毅「東北アジアという交流圏」『人文知3 境界と交流』東京大学出版会，2014年
鶴間和幸『中国の歴史03　ファーストエンペラーの遺産』講談社学術文庫，2020年
仲山茂・飯田祥子・柴田昇『両漢交替期研究』名古屋中国古代史研究会，2014年
西川春華「後漢光武帝期における皇后交替の背景について」『大正大学大学院研究論集』20，1996年
西嶋定生『秦漢帝国』講談社，1974年（1997年に学術文庫版刊行）
濱川榮『中国古代の社会と黄河』早稲田大学出版部，2009年
東晋次『後漢時代の政治と社会』名古屋大学出版会，1995年
藤川和俊「後漢初期の皇太子廃位をめぐる若干の問題」『東アジア世界史の展開——青山学院大学東洋史論集』汲古書院，1994年
藤川和俊「銅馬賊と後漢軍団」『中国古代史研究』第七，研文出版，1997年
藤川和俊「呂母の乱と六筦制」『青山史学』27，2009年
藤川和俊「王郎の乱始末記——劉秀政権の誕生」『鴨台史学』12，2014年
保科季子「前漢後半期における儒家礼制の受容——漢的伝統との対立と皇帝観の変貌」『歴史と方法3　方法としての丸山眞男』青木書店，1998年
保科季子「受命の書——漢受命伝説の形成」『史林』88-5，2005年
保科季子「近年の漢代「儒教の国教化」論争について」『歴史評論』699，2008年
三浦雄城「両漢期における儒家的符瑞思想の展開」『東洋学報』98-1，2016年
三浦雄城「後漢光武帝と儒教的讖緯」『東洋学報』101-4，2020年
安居香山『緯書の成立とその展開』国書刊行会，1979年
安居香山『緯書と中国の神秘思想』平河出版社，1988年
吉川忠夫『訓注　後漢書』全11冊，岩波書店，2001～07年
渡辺信一郎『中国古代の王権と天下秩序』校倉書房，2003年
渡辺信一郎『中国の歴史1　中華の成立』岩波新書，2019年
渡邉義浩『後漢国家の支配と儒教』雄山閣出版，1995年
渡邉義浩ほか編『全訳後漢書』全19冊，汲古書院，2001～16年
曹金華『漢光武帝劉秀評伝』江蘇古籍出版社，2002年
黄留珠『劉秀伝』人民出版社，2003年
呉樹平『秦漢文献研究』斉魯書社，1988年

小嶋茂稔(こじま　しげとし)
1968年生まれ
東京大学大学院人文社会系博士課程修了。博士(文学)
専攻，中国古代史，近代日本のアジア認識・史学史
現在，東京学芸大学副学長　教育学部教授

主要著書・訳書

『漢代国家統治の構造と展開―後漢国家論研究序説―』(汲古書院，2009年)
『内藤湖南とアジア認識―日本近代思想史からみる―』(共著，勉誠出版，2013年)
『張家山漢簡『二年律令』の研究』(共著，公益財団法人東洋文庫，2014年)
『「戦前歴史学」のアリーナ　歴史家たちの一九三〇年代』(共著，東京大学出版会，2023年)

図版出典一覧

中国美術全集編輯委員会編『中国美術全集　絵画編　18　画像石画像磚』上海人民美術出版社，1988年	*54*
福岡市博物館所蔵　画像提供：福岡市博物館／DNPartcom	カバー裏
ユニフォトプレス	カバー表
著者提供	扉

世界史リブレット人⑬
光武帝《こうぶてい》
「漢委奴国王《かんのわのなのこくおう》」印《いん》を授《さず》けた漢王朝《かんおうちょう》の復興者《ふっこうしゃ》

2023年7月10日　1版1刷印刷
2023年7月20日　1版1刷発行

著者：小嶋茂稔《こじましげとし》

発行者：野澤武史

装幀者：菊地信義＋水戸部　功

発行所：株式会社 山川出版社

〒101-0047　東京都千代田区内神田1-13-13
電話　03-3293-8131(営業) 8134(編集)
https://www.yamakawa.co.jp/
振替 00120-9-43993

印刷所：株式会社 明祥

製本所：株式会社 ブロケード

 ISBN978-4-634-35013-7